Peter Härtling

Das andere Ich

Peter Härtling

Das andere Ich

Ein Gespräch mit Jürgen Krätzer

Mit einem Nachwort
von Hans-Joachim Gelberg

Kiepenheuer & Witsch

1. Auflage 1998

Umschlaggestaltung: Rudolf Linn, Köln
Umschlagmotiv: Fritz Ruoff
Paar/II Pinselzeichnung – Tusche, 1952
Gesetzt aus der Walbaum Standard (Berthold)
bei Kalle Giese Grafik, Overath
Druck und Bindearbeiten Clausen & Bosse, Leck
ISBN 3-462-02772-7

Inhalt

Pimpf. Eine Kindheit 9

Vaterbriefe Mutterbilder 23

Flüchterflüche 47

Jamin und Yamin 63

Politik und Literatur 89

Werkstatt 101

... und das ist die ganze Familie 117

Renitenz und Krisis 127

Das musikalische Element in der Literatur 139

Sprachräume und Schreibwege 161

Lauterbacher Strophen 165

Tabu- und Knochenbruch. Vom Ende der Utopie 183

Bibliographische Anmerkung (Auswahl) 229

Hans-Joachim Gelberg: Nachwort 239

Pimpf. Eine Kindheit

Jürgen Krätzer: *In Ihrer Kindheit erlebten Sie, daß die in der Familie geltenden Konventionen ganz andere waren als die, die Sie in der Schule und auf der Straße erfuhren – dies sind sie natürlich meist – allerdings eben nicht in solch mörderischer Konsequenz.*
Wichtig ist hier sicher, daß Sie – Sie sind im Jahr der »Machtergreifung« zur Welt gekommen, die Zeit war schon aus den Fugen – von vornherein in dieses andere Wertesystem hineinwuchsen, dies nicht als generelle Normenverschiebung erfuhren, wie jene, die zehn, fünfzehn Jahre davor geboren worden sind.

Peter Härtling: Ja, das ist ein großer Unterschied.

Wie haben Sie aber diese Differenz, auch an menschlichen Grundregeln, als Kind erfahren, dieses Hineinwachsen in zwei Welten?

Es gibt in diesen meinen zwölf ersten Lebensjahren vier, fünf Emotionsrisse, richtige Risse, die mir vorführten, daß Außen- und Innenwelt – und zwar nicht meine innere Welt, sondern die Innenwelt zu Hause, in der Familie, und die Außenwelt, die sozusagen im Schatten des Hakenkreuzes lag – ganz heftig auseinanderklafften. Das erste Mal, und das ist ein Moment, der so lebhaft in mir blieb, daß ich bis auf den heutigen Tag aufgewühlt bin, war der Tag, an dem der Krieg ausbrach: Da hab' ich zum ersten Mal meine Mutter weinen, bitter weinen gesehen. Dies stand im Gegensatz zu einer Welt, die zwar nicht mehr aufjubelte, das muß 1914 in der Tat ganz anders gewesen sein, die sich aber sozusagen stählern spannte, jedoch nicht weinte. Das zweite Mal war ganz anders, auch komischer, aber ebenso kontradiktorisch. Wir besuchten zum ersten Mal nach '39, also im Krieg, meine tschechischen Verwandten. Ich hatte in der Schule ein Gedicht auswendig gelernt und als Siebenjähriger am Schuljahresende bei der Schulfeier sprechen dürfen: *Der deutsche Rat* von Robert Reinick, »sei tapfer, treu und stark« usw. Dieses Gedicht war mit erhobenem Arm vorzutragen, mit deutschem Gruß. An einem der ersten Abende erzählte meine Mutter, daß ich die Fähigkeit hätte, die ich im übrigen nicht mehr habe und wohl auch nie hatte, Gedichte leicht auswendig zu lernen, und bat mich, doch eines einmal vorzutragen. Ich ließ mich nicht lange bitten, sprang auf, erhob den Arm und donnerte den *Deutschen Rat*. Worauf, das merkte ich auch als Siebenjähriger, betretenes Schweigen auftrat, meine Mutter zeigte sich keineswegs erfreut, und mein Vater schwieg geradezu verfinstert. Daß ich noch nicht einmal eine Andeutung von Lob und Beifall bekam, verletzte mich. Ich setzte mich also wieder und wußte nicht, wie mir geschehen war. Später kam meine Mutter und erklärte mir, daß ich sehr taktlos gewesen sei, was ich nicht ganz begriff. Wie Erwachsene Kindern das so mitteilen – Was heißt denn taktlos, und was ist Takt? – und daß ich das auf keinen Fall wiederholen dürfe. Worauf ich dann nach den Gründen fragte, und meine Mutter mir sagte, daß das doch alles Tschechen seien, und denen leuchte der *Deutsche Rat* nicht so ein. Das hat mich wirklich tief beunruhigt, weil es eben auch nicht deutlich genug wurde. Ich habe aber von da an, wenn ich bei meinen tschechischen Verwandten war, zwei Dinge vermieden: Erstens über's Jungvolk zu sprechen und zweitens irgendwelche Gedichte dieser Art zu deklamieren!

Das dritte, knapp vor Kriegsende, war unheimlich. Mein Vater war schon bei der Wehrmacht, also nicht da, und ich kam sehr spät, gegen zehn, vom »Dienst« zurück, wie das so schön hieß, und ich war elf Jahre alt. Meine Mutter war sehr beunruhigt und kam mir schimpfend entgegen, und ich versuchte ihr zu erklären, daß das alles nun also sehr, sehr wichtig wäre. Meine Mutter sagte daraufhin, wie sie es vorher nie gesagt hatte: »Mit diesen Spielen ist es bald zu Ende.« Das war ein absolut verbotener Satz. Daß meine Mutter dies so aussprach, war so ungeheuerlich, daß es mich über Tage geschafft hat.
Solche Momente, die mir klarmachten, daß innen ein anderes Klima herrschte als außen, auch, daß ich innen anders lebte als draußen, gab es sicher noch einige.

Aber das nahmen Sie dann so hin, als Kind kann man sich damit ja kaum auseinandersetzen.

Ja, das nahm ich hin, da kann man sich überhaupt nicht zur Wehr setzen. – Mein Onkel Beppo war ein beinah' haltloser Zyniker, der hätte mir, und ich war oft über Tage bei ihm, alles mögliche erklären, und ich hätte auch fragen können. Es wurde aber nie ausgesprochen. Nie. Er hatte z. B. einen Freund, der wohnte in Brünn auf'm Bergl in einer Kellerwohnung, ein überaus nobler, gescheiter, vordem wohl auch sehr vermögender Mann ... ich hab' mich nie getraut, den Onkel zu befragen, warum der Pan Waldhans so leben muß, obwohl ich mich das immer fragte. Das ging einfach nicht. Und er hat mir so etwas nie erklärt.

Was hat denn von den offiziellen Ideologemen überhaupt funktioniert? Gab es da etwas, was man wirklich eingesehen hat, was einem die Welt erklärte?

Rituale. Ich glaub', es waren nur Rituale. Das äußere Leben war, bis in die Schule hinein, stark ritualisiert: Fahnen hissen, Dienst machen, Vereidigungen usw. Ich glaub', das war's.

Also Hülsen ...

Reine Hülsen. Gut, schon in der ersten Klasse der Oberschule mußte ich beispielsweise die Lebensläufe des Führers und des Reichsmarschalls Göring usw. lernen. Auch die junge Geschichte des Protektorats, in der der tschechische Präsident, da lernte ich den Begriff kennen, eine Marionettenfigur war. Solche Sachen gab es schon, aber, was mich anzog, das waren diese Männerrituale. Die waren zugleich auch Vorspiegelung einer dahinter lauernden Kraft, die aber nicht definiert war. Auch einer verbündenden, einer verbindenden Kraft.

Als Sinnfüllung hat es also nicht funktioniert?

Sinn hat es überhaupt keinen gegeben. Es gab Worthülsen, die wir kindlich mit Sinn auffüllten: der Führer, das Volk, das Reich, wobei dann merkwürdigerweise das Altreich gemeint war – Vaterland war nicht so stark besetzt. Aber ein Begriff wie Sieg oder siegen ging schon durch unsere Köpfe, weil ja auch noch in der Niederlage gesiegt wurde. Es waren Hülsen, und – eigentümlich – wir waren doch einfach Ergriffene, wodurch ergriffen, ist allerdings ganz schwer zu erklären.

Wenn ich an unseren Schulunterricht in der DDR denke, so funktionierte schon eine Sinngebung. Da gab es z.B. einen Zeitstrahl, der von der Urgesellschaft schön stetig nach oben ging ... Man wußte zwar, daß im Staate noch viel im argen lag, aber man war sich gewiß, daß die reine Gesellschaft, der Kommunismus, doch, sozusagen als Sieg der Vernunft, kommen müsse. Dieser Glaube, diese Hoffnung, daß ein Fortschreiten möglich, gar gesetzmäßig sei, hat teilweise schon funktioniert.

In dem Sinn war das nicht. Das fällt mir jetzt ein, wenn Sie das mit dem Pfeil so sagen: Bei uns war das die Europa-Karte. Da wurde in der Schule immer gezeigt, wie weit und wie groß Deutschland war. Aber es gab doch etwas, was in einem gewissen Sinne und quasi intellektuell unsere Köpfe mit Bedeutung füllte: die Literatur. Es gab solche Gedichte wie die von Robert Reinick, eine Menge, es gab Lieder, die aus der Jugendbewegung mit fortgeschleppt wurden, es gab aber auch ganz neue, wie »Es zittern die morschen Knochen ...« Und das dritte, und daran glaubten wir durch die germanisch festgelegte Ahnenforschung allerdings, war ein Begriff von Überlegenheit, der sich literarisch festmachen ließ. Einmal durch ein Buch, das wir als Zwölfjährige zu lesen hatten. Mir machte das keine, aber ich glaube, anderen in meiner Klasse beträchtliche Schwierigkeiten, das war *Das harte Geschlecht* von Will Vesper. Ich habe es nie wieder gelesen, aber es muß ein furchtbares Buch gewesen sein. Und Erzählungen von Hans Grimm, *Volk ohne Raum*. Diese Form von Literatur wurde von Lehrern, Jungvolk-Führern etc. ganz indoktrinierend benutzt. Das ist richtig, und das füllte auch meinen Kopf ein bißchen.

Aber wohl weniger als Entwurf, eher identitätsstiftend.

Ja, »das starke Geschlecht«.

Sie kannten den Namen Theresienstadt, hörten dies und das, und mußten zurückschauend traurig feststellen, daß das bessere Wissen nicht das mächtigere war. Können Sie sich noch erinnern, wovon Sie als Kind wirklich Kenntnis hatten, außer den allgemeinen Parolen, und was stellten Sie sich darunter vor?

Die Frage, die Sie mir stellen, haben mir meine Kinder auch gestellt. Ich könnte sie nur beantworten, aber das kann ich nicht, indem ich gewissermaßen die Mehrstimmigkeit, die damals in meinem Kopf herrschte, auch als Mehrstimmigkeit wiedergäbe. Es war immer so, daß die eine Stimme die andere ablöste und ihr widersprach. Ich habe gewußt, daß Freunde meiner Eltern und meiner tschechischen Verwandten ins Lager gekommen sind. Der Begriff »Lager« wiederum wurde durch die Beteuerung, Theresienstadt sei ja nicht so schlimm wie die anderen Lager, aufgeweicht und aufgehoben. So etwas schluckt ein Kind ganz schnell, ein merkwürdiger Trost gegen eine Ungeheuerlichkeit. Aber das wußte ich. Ich »wußte« von Jungvolk- und Heimabenden und aus der Schule, und jetzt kommt die zweite Stimme, daß die wahren Anzettler des Krieges und die Gegner des Ariertums und der Deutschen die Juden sind. Also, das war schon ganz fragwürdig: Zum einen sind das alles ganz liebe Freunde der Eltern, zum andern sind das aber auch Feinde.

Und was haben Sie sich vorgestellt, was sich hinter einem Lager verbirgt?

Nichts, nichts.

Ein ominöses Gebilde, terra incognita.

Ja, gar nichts. Es wurde auch nichts gesagt. Das einzige, was für mich, für meine Eltern natürlich nicht, über das hinausging und was mich sehr nachdenklich stimmte, waren die zynischen Bemerkungen von Onkel Beppo, der einfach klarmachte, daß die Deutschen mit den Tschechen umgingen, als wären sie minder gute Menschen, als hätten sie einen Makel oder Fehler. Bevor das mit Lidice passierte, hatte ich noch nie einen erwachsenen Mann weinen sehen, und dann weinte einer, den ich besonders liebte, weil er so verrückt war. Natürlich hinterließ das schon Schrunden im Kopf, aber es fügte sich nicht zusammen. Das waren Irritationen, die durch die strengen, starken und besserwissenden Stimmen der Lehrer und Jungzugführer aber wieder aufgehoben wurden, und durch das Radio und die Zeitungen und die Literatur ... ich war offen für jegliche, ob verbale oder reale körperliche, Demonstration von Stärke.

So uneins Ihre Eltern waren, darauf werden wir noch zu sprechen kommen, in einem Punkt stimmten sie vermutlich überein: In der Ratlosigkeit gegenüber dem ihnen immer mehr entgleitenden Sohn. Das Schweigen des Vaters war für das Kind nicht durchschaubar, unerträglich; der in das Alter des Vaters gekommene Erzähler haßt noch immer dieses Schweigen und ist doch zugleich froh, daß er dadurch wenig vom väterlichen Treiben wußte – »um meinet- und seinetwillen« heißt es an einer Stelle. Dazu kam ein für mich ausgesprochen sympathischer Zug dieses Mannes, den Sie, dem jungvölkischen Wertesystem verfangen, freilich abstoßend empfinden mußten: Er gab seine Abneigung gegenüber der uniformierten Hierarchie und Machtausübung offen zu. Als »eine absolute Verhöhnung all meiner Ideale« beschrieben Sie z.B.

eine wohl von Sarkasmus getragene Feier der Beförderung des Schützen zum Gefreiten.
Da gibt sich ein möglicher Denunziant noch nachträglich zu, drohend und über die Drohung zugleich erschrocken, in jener Zeit hätte dies ja tödliche Folgen haben können.
Trauen Sie solches dem Peter aus Olmütz und Zwettl wirklich zu?

Ich weiß es bis heute nicht. Ich *hoffe*: nicht. Das muß ich noch heute, vierzig, fünfzig Jahre später sagen: *Ich hoffe nicht.* Ich nehme an, daß ich, hätte mich der kindliche Zorn über das Fremdsein des Vaters in meiner mir zudiktierten Welt so aufgebracht, daß ich zumindest schon drangewesen wäre, ihn zu denunzieren. Doch hätte ich mich, nehme ich an, vorher meiner Mutter anvertraut. Und so, wie ich meine Mutter bis heute kenne, hätte die mir eine solche gefeuert, daß ich ohnehin zwei Tage nicht hätte sprechen können (lacht) …

Es gibt schon ein paar Sachen, die dieser Hoffnung auch zutragen – Sie hielten sich ja auch selbst an ein konspiratives Stillsein: weder verrieten Sie, wenn man denn den Texten trauen darf, etwas von der Reise zu Herrn Glück, einem drangsalierten jüdischen Klienten des Vaters, oder dem von Tante Manja versteckten jüdischen Schmuck, noch etwas von jenen illegalen Wehrmachtsentlassungen oder den defätistischen Äußerungen des Vaters über einen jener Wunderwaffenprediger.

Es gab da auch einige Dinge um meinen Onkel Beppo. Das hätt' ich ja auch meinem Bannführer oder sonstwem mitteilen können, das war für mich doch nicht drin.

Weshalb? Was hielt Sie ab? Sie haben ja doch diesen Uniformträger sehr bewundert.

Ja, sehr.

Und Sie waren ja auch höchst zornig, als Sie das von Ihrem Vater hörten. Was hielt Sie also ab?

Was mich abhielt, das war vermutlich ein Eingebundensein in einen größeren, vertrauten Familienverband. Die Furcht, daß ich mit einem Eingriff von außen das alles zerstören könnte. Ich glaube, daß da eine kindliche Angst war, auch den Eigenschutz kaputtzumachen.

Aber so reflektiert ein Kind doch nicht.

Nein, aber ganz gewiß nicht. Das reagiert nur. Reagiert oder reagiert nicht, handelt oder handelt nicht.

Es ist immer wieder vom herumstreunenden, rowdyhaften Jungen zu lesen, von Verrohung und Nazitum. Merkwürdig ist nur, daß vor allem Stimmungen, Verstimmungen geschildert werden, Zustände, die mit Signalwörtern wie Dienst, Kluft, Körper »stählen« belegt werden, aber kaum Episoden. Und wenn eine erzählt wird, dann ist der Möchtegern-Pimpf eher Opfer als Täter, wird bei seinem ersten Ausflug beispielsweise von jenen, zu denen er gern gehören möchte, drangsaliert.
Weshalb wollten Sie dennoch »dazu«gehören?

Deswegen. Ich war ein sehr dünnes Kerlchen, das blieb ich auch bis zu meinem zwanzigsten Lebensjahr. Und wahrscheinlich auch nicht sehr mutig. Ich paßte konstitutionell eigentlich gar nicht dazu. Um so attraktiver war das. Es gibt einen schrecklichen deutschen Ausdruck der deutschen Erzieher: Körperertüchtigung. Genau das suchte ich: Körper-, nicht Kopfertüchtigung. Am Ende fand ich's nicht, aber ich suchte es. Das besaß schon eine große Anziehungskraft auf mich.

Hat sich das ersehnte Zugehörigkeitsgefühl jemals wirklich eingestellt? Es gibt Szenen, da ist von einem »Wir« die Rede.

Ja. Beispielsweise auf Fahrten, da gehörte ich, glaube ich, schon dazu. Ich war und bin auch noch ein sehr guter Schwimmer. Wenn ich einmal etwas besser war, da klappte das »Wir« geradezu um mich herum. Als mein Vater mir auf dem Prager Bahnhof die Winkel und Achselklappen von der Kluft riß, da tat er mir etwas an, das er, so sensibel er war und soviel Gedanken er sich sicher auch um den Jungen machte, nicht ahnen konnte: Er riß mir gewissermaßen Zauberinsignien herunter, wie von einer Rüstung. Er entzauberte meine Existenz. Daß das klug und richtig war, das begriff ich erst später.

Dann gab es so einen wie den zwar widerlichen Eduard Nemec vom Jungvolk, dessen abstoßendes Wesen aber dennoch bzw. gerade deshalb faszinierte und mit dem es sich zudem die Eltern trefflich ärgern ließ. Und es gab den Jungen mit dem gelben Stern, zu dem man auf dem Schulweg Distanz hielt, sicher alles Anzeichen von Verrohung, dennoch scheint es zum Vergleich eines Terroralltages recht harm- und belanglos.
Etwas anderes klingt schon in der Gegend meines Vaters *an, hier wird deutlich, daß in der Kinderstadt ver-*

schiedene Lebensebenen existierten: die des deklassierten Tschechen, der verfolgten Jüdin und des herrschenden Deutschen.
Was bekam ein Kind von der Gewalt der Erwachsenen mit?
Wie schlug diese Erwachsenengewalt in Kindergewalt um? Was war Nachahmung, was hatte Eigendynamik?

Da war ich ein wenig gefeit durch mein Elternhaus, durch die Umgebung und Erziehung. Mein Umgang mit Tschechen z. B. war absolut ungestört. Ungestört durch Ideologeme, durch falsche Urteile und Verurteilungen. Wir hatten ein tschechisches Hausmädchen, die Bohumila, und es war selbstverständlich, daß wir oft bei ihr zu Hause waren. Sie wohnte in durchaus armen und bedrängten Verhältnissen, ob sie immer so gelebt hat oder erst ab '39, kann ich nicht sagen. Aber wir waren da oft zu Gast, wie selbstverständlich auch bei meinen tschechischen Verwandten. Was mir jedoch erst jetzt, als ich in Olmütz war, auffiel: Wir haben nicht mit Tschechen gespielt. Das mag zwei Gründe haben: zum einen sprachliche Gründe, was heute noch verständlich wäre, allerdings konnte ich mich damals brüchig, aber immerhin tschechisch verständigen. Das andere war, daß die Tschechen ihre Schulen in der Innenstadt ja verloren hatten, sie waren sozusagen nach außen gerückt, so auch Teile der Spielgründe. Aber in der Parkanlage, an der Stadtmauer, da erinnere ich mich nicht mehr, müssen wir offenbar nebeneinander, in gewissem Abstand, auf diesen Felsen rumgekraxelt sein. Unmittelbare Kontakte mit tschechischen Kindern hatte ich spielend nie, mit Tschechen viel.
Das war ein Unterschied zu jüdischen Kindern, da gab es nur Sichtkontakt. Es ist eigentümlich: Ich hab' mit meinen

Eltern über diese Begegnung, diese Distanz, die Sie erinnerten, nie gesprochen. Obwohl meine Eltern diesbezüglich grundsätzlich offen redeten, z. B. über die jüdische Familie Ribasch, die nach Theresienstadt gekommen war und deren Sachen sie zusammen mit meiner Babička verwalteten. Auch das wär' im übrigen ja etwas gewesen, was ich hätte denunzieren können, nur hat sich das in meinem Kopf so nicht festgesetzt. Was sich festgesetzt hat, war alles strahlend, männlich und sieghaft.

Aber zu diesem Strahlenden, Männlichen, Sieghaften gehört ja auch die Ausübung des Mächtigen – eben wirklich terroristischer Alltag. Sie haben einmal erzählt, wie Sie es durchaus auch genossen, daß die anderen Angst vor den jugendlichen Gruppen gehabt haben –

Ja, das haben die gehabt ...

Und Sie selbst? Eine Tschechin beschrieb einmal, wie die »Knaben gerade Ihres Typs uns mit Steinen bewarfen und anbrüllten [...] Für mich verkörpern sie ein Grauen, dessen Tiefe ich nicht zu begreifen vermochte.«
Es fällt schon schwer, mir Peter Härtling als Skin vorzustellen – der Junge, der in den Texten auftaucht, und der, der die ersten Gedichte schrieb, sind vom Alter her ja gar nicht so weit auseinander: Jene Gedichte sprechen doch weniger von Aggression als von Schutzsuche, von einem Jungen, der dies natürlich auch überspielt, auch mit wütendem Trotz. In einem hatzenden Mob, als brutalen Schläger mit tretenden Stiefeln kann ich ihn nicht sehen ...

Ich hab' ja Schutz gesucht.

Ja, sicher. Aber diese Selbstvorwürfe, die in Ihren Texten immer wieder laut werden – Rowdytum, Verrohung usw. –, passen da wenig. Ist Ihnen irgendwas in Erinnerung, wo Sie wirklich körperlich brutal geworden sind?

Nein, mir ist nur erinnerlich, daß man mich manchmal roh und brutal behandelt hatte, das ja. Irgendein Jungzugführer, jemand aus der Gruppe.

Können Sie sich an irgendwelche Straßen-, Bandenkämpfe mit den Tschechen erinnern?

Überhaupt nicht, nein. Daß wir Tschechen mit Steinen beworfen hätten, wie es in dem Brief von der Prager Historikerin steht – ich weiß nicht einen einzigen Fall.

Und weshalb dann diese Selbstcharakterisierungen?

Verrohung heißt ja nicht unbedingt, daß ich da mit verrohten Horden auf andere zujage – ich meine die Verrohung der Phantasie, des Kopfes, und die war beträchtlich. Daß zehn-, elfjährige Kinder in ihren Uniformen auf dem Marktplatz sitzen und darüber reden, daß, wenn die Russen kommen, die dann alle Frauen vergewaltigen, und nur noch über die Vergewaltigung der Frauen sprechen – Zehnjährige! Das ist Verrohung für mich. Das hat mit der Zeit zu tun, und, was ich mich frage und auch mit all den Büchern, die ich geschrieben habe, nicht beantworten kann: Ist es überhaupt möglich, durch Eltern, durch andere, Kinder vor einer solchen Verrohung, wenn sie gewissermaßen als Folge ideologischer Grundsätze auftritt, zu bewahren? Geht das oder ist die nicht sozusagen in der Luft drin? In jeder Zeitung, die man aufschlägt, in jeder Sondermeldung, die durchs Radio kommt.

Bei Ihrem Onkel Beppo gibt es ja eine Szene, wo Sie aus diesem Freundeskreis immer mal rausgeschickt werden. War an der Erzähler-Vermutung etwas dran, daß jene widerständig involviert waren?

Mit Sicherheit. Wie weit das ging, weiß ich nicht. Ich hab' da ja mit Tante Lotte öfter darüber gesprochen, die wurde auch immer rausgeschickt, also selbst die Frau – die war aber eben eine deutsche Frau. Vor allem für die Zeit danach planten sie wohl, das ist sicher. Nur hätte mein Onkel Beppo, ein wahrhaft bürgerlicher und nationalistisch-konservativer Mensch, zwei Jahre später schon wieder im Gefängnis gesessen – er ist '45 an einem Blutsturz gestorben. Das war sozusagen sein »Glück«, denn sein Bild von der tschechischen Nation war ein absolut anderes als das, was sich dann herausbildete.

Vaterbriefe Mutterbilder

Dem Vater haben Sie die Nachgetragene Liebe, *dem Erinnerungsexperiment* Zwettl *folgend, geschrieben, ähnlich wie* Eine Frau *Ihrer Mutter. Dies ist Ihrer poetologischen Formel vom »Finden und Erfinden« gemäß – ist* Felix Guttmann *aber nicht in gewisser Weise eine Zurücknahme der* Nachgetragenen Liebe*? Eine Nachbesserung der realen durch eine gewünschte Realität, ein Sieg des Erfindens? Der junge, lebensfrohe Anwalt Guttmann, der den Untergang der Weimarer Republik erlebt, wäre zwar sicher kein Nazimitläufer geworden, doch zwingt ihn erst seine jüdische Herkunft, eine klare Entscheidung zu treffen. Jene klare, mit Konsequenzen behaftete Entscheidung, die Sie bei Ihrem Vater vermißten, was wohl auch durch das im nachhinein entwickelte Schuldgefühl, als Kind der Nazipropaganda aufgesessen zu sein und die (zu) leisen Zeichen Ihrer Umgebung überhört zu haben, so schmerzlich wurde.*

Das verblüfft mich, was Sie da konstatieren, wahrscheinlich trifft es zu. Die Ungenauigkeit in der Haltung meines Vaters hat auch mit der Ungenauigkeit meines Erinnerns zu tun. Hier trifft etwas aufeinander, das sich potenziert. Im gewissen Sinn ist die *Nachgetragene Liebe* – wenn es das gibt – eine Revision des Ungenauen; ich revidiere etwas, das durch das Revidieren nicht faßbarer wird. Beim *Felix Guttmann* antworte ich auf diese Ungenauigkeit. Das stimmt. Aber es ist eine im Grunde bittere und auch verdrossene Antwort in einem Punkt: daß offenkundig auch sehr bewegliche Intellektuelle, sehr neugierige und keineswegs gleichgültige Menschen, sehr oft erst dann entschieden werden, wenn sie durch Herkunft, Zusammenhänge, manchmal auch durch politische Neigung festgelegt werden. Diese Festlegung kommt von außen, sie kommt meist gar nicht aus der Person, und die Prägung, wie bei Felix Guttmann, ist ja erst einmal eine nicht akzeptierte: Er gehört in eine jüdische Familie hinein, die sich in hohem Maße angepaßt hat, die nicht auffallen will, die deutsch-national denkt. Wie sehr viele deutsche Juden in den zwanziger Jahren, die aus hochangesehenen bürgerlichen Familien kamen, hat auch der Felix Guttmann im Grunde seine letzten Jahre in Deutschland unter einer gewaltigen Lebenslüge verbracht, indem er sich gleichsam noch einmal eindeutschte, um nicht aufzufallen und davonzukommen, beides.

Daß das nicht gelingen konnte, war für diese Menschen ganz schwer begreiflich, im übrigen bis heute. Das ist ja nicht so, daß die unendlich tiefe Verletzung, die dem folgte, in irgendeiner Weise geheilt wäre, daß sich da die Wunde geschlossen hätte. Wenn ich heute in Israel mit alten deutschen Juden spreche, von denen manche nie mehr in ihr Land gereist sind, dann bezeugt das nichts anderes, als daß hier eine Nähe und Liebe verletzt, aufs unglaublichste beleidigt worden ist. Felix Guttmann war aber auch jemand – und solchen Figuren neige ich schon zu –, der sich immer wieder ausprobiert, der Anfänge schätzt, der nicht aufhört, der nicht abschließt, sondern der immer wieder von neuem begonnen hat. Das war der große Reiz seiner Existenz.

Wenn ich den Bogen schlagen müßte zu *Zwettl*, dann gibt es kaum eine Verbindung zwischen dem in *Zwettl* ja nur angedeuteten Vater und dem Felix Guttmann. Während der Vater in der *Nachgetragenen Liebe* abgefragt und angesprochen wird, evoziert wird, erscheint er in *Zwettl* gleichsam nur auf zwei, drei verrutschten Fotografien. Dieser Vater findet im *Felix Guttmann*, das sagen Sie zu Recht, obwohl es mich zuerst einmal verblüfft hat, in gewisser Weise eine Verdeutlichung. Die Ungenauigkeit, die mich bis heute beschäftigt und auch quält, die ist im *Felix Guttmann* aufgehoben, das ist richtig.

Beim Wiederlesen Ihrer autobiographischen Texte machte ich eine merkwürdige Entdeckung: Ich bin jetzt so alt, wie Ihr Vater es war, als er starb, das heißt auch, so alt, wie Sie es waren, als Sie mit Zwettl *anfingen. Vor meinem Leser-Auge entstand aber kein Bild eines Gleichaltrigen, es war, finde ich, noch immer der Blick »nach oben«, der Blickwinkel des Kindes, der zum Vater aufblickt, auch zu ihm hinaufspricht, auch in der* Nachgetragenen Liebe *noch. In* Herzwand *und* Božena *ist dies ganz anders; mir scheint, daß der* Felix Guttmann *– neben seiner Konsequenz, der Verdeutlichung – auch in dieser Beziehung von Bedeutung ist. Erst als der Vater ein anderer wird, über das Maß des »Findens und Erfindens« hinaus fiktionalisiert wird, wird er zum einen deutlich – wird zum anderen aber vielleicht auch das Fremdsein von Sohn und Vater eben in der literarisierten Verfremdung aufgehoben oder wenigstens gemildert.*

Daß ich die Kinderperspektive bis zur *Nachgetragenen Liebe* so eingehalten hätte, überrascht mich. Es gibt in der *Nachgetragenen Liebe* einen Satz – ich kann ihn nicht präzis zitieren, ich kann mich nie genau zitieren –, der lautet ungefähr: »Ich beuge mich über deinen Schatten.« Das heißt also: Ich verändere erinnernd die Kinderperspektive und wachse über den Schatten des Vaters hinaus. Aber

wenn Sie, mich überraschend, das so sagen, muß ich zugeben, daß ein Stück des sich auseinandersetzenden Erzählers, ob das im *Zwettl* ist oder in der *Nachgetragenen Liebe*, wahrscheinlich das abrufbare Kind ist, das ich ja nicht verloren habe in mir. Ich bin mir gar nicht sicher, ob ich erinnernd erwachsener geworden bin.
Felix Guttmann ist, wie Sie ganz richtig sehen, schon eine Vaterfigur, eine Fiktion von Vater – es könnte aber tatsächlich sein, daß ich mich erst durch die *Božena* aus der Beziehung Vater-Kind, Vater-Sohn entfernt habe. Die Ansicht des Vaters, ich sag' es jetzt ganz nachdrücklich, das Bild, das ich mit mir schleppe bis heute, hat sich durch die vorgeschobene Figur der Božena und durch die plötzliche Zweitrangigkeit des Vaters absolut verschoben.
Die Božena war für mich nicht nur eine Entdeckung, die ich durch die Olmützer Erzählungen machen konnte, sie war für mich auch eine Rettung vor der Nähe des eingebildeten Vaterbildes; es ist ja ein eingebildetes. Die hat mich weggezogen. Und jetzt ist das Bild des Vaters – oder genauer gesagt: ist das Geröll der Erinnerung an den Vater in Einzelteilen viel realer geworden als vorher. Und: Ich kann aus dem Geröll ein Mosaik bilden, daraus könnte ein Bild werden – doch läßt es sich nicht mehr zusammensetzen. Die Mühe der *Nachgetragenen Liebe*, ein vollständiges Bild herzustellen, will ich mir jetzt nicht mehr machen.

Sobald der Erzähler den Text sozusagen wieder zusammenhalten will, kommentiert, dann würd' ich dem veränderten Blick zustimmen, sobald aber die Episoden kommen –

Ja ...

– ist es wieder der Kinderblick.

Ja, da stimm' ich Ihnen zu, ganz klar.

»Für andere spieltest du anscheinend eine andere Rolle als für uns«, hieß es in der Nachgetragenen Liebe *über den Vater. Was für eine Rolle dies sein konnte, zeigt sich in* Božena *– mehrfach. Zum einen wird deutlich, daß der Rechtsanwalt Härtling sich der Bedrängten angenommen hat: In der* Nachgetragenen Liebe *gibt es diese für den Jungen Peter außergewöhnliche Reise zu Herrn Glück, einem Juden, dem nicht mehr geholfen werden konnte außer mit einer Geste der Menschlichkeit, in* Božena *ahnt man, daß dies gefährlicher Alltag des Vaters war. Der Sohn aber konnte damals damit nichts anfangen, im Gegenteil.*
»Er hat viel geholfen«, hören Sie in der Gegend meines Vaters, *im Olmütz von 1992, und werde daher – neuerdings – sehr verehrt. Haben Sie da Konkreteres vom väterlichen Alltag in Erfahrung bringen können?*

Die Erzählungen, die ich in Olmütz gehört habe, waren keine konkreten Erzählungen, das waren sozusagen schon die Restbestände einer Legende. Nach der Veröffentlichung der *Božena* und der Tübinger Vorlesung *Die Gegend meines Vaters*, dieser Vorrede zu einem Buch, bekam ich einen Brief eines alten Mannes, und das war zum ersten Mal etwas ganz, ganz Faßbares: Als ganz junger Mann hatte sich jener Briefschreiber darüber aufgeregt, daß aus seiner Nachbarschaft und seinem Bekanntenkreis Juden verschwänden. Er hat seine jüdischen Freunde und die seiner Eltern auch weiter besucht, wurde festgenommen und ins Gefängnis gesteckt. Dort sagte ihm ein

Anwalt: »Da können wir nix tun.« Als er sich darüber beklagte, riet ihm einer seiner Mitgefangenen, sich doch an den Rechtsanwalt Härtling zu wenden, der wisse in solchen Sachen Bescheid. Und dies, so schrieb er mir, hätte er getan, und mein Vater wär' sofort gekommen, hätte sich seinen Fall angehört und gesagt: »Ich krieg' das hin, Sie müssen allerdings damit rechnen, daß Sie, Sie sind ja schon zum Wehrdienst verpflichtet, sofort die Uniform anziehen müssen – aber freikommen.« Nach vier Tagen war er, ohne Verhandlung, frei, und steckte in der Uniform – und überlebte. Das ist eine Geschichte für sich, das ging mir schon nah ... Das ist der einzige reale Fall, den ich auch in seinem Ablauf kenne. Die Olmützer Germanisten haben mit großem Interesse versucht, Fälle zu dokumentieren. Das ist offenkundig sehr schwer, da von der deutschen Gerichtsbarkeit nichts mehr vorhanden ist, die haben das '44 oder '45 vernichtet oder mitgenommen. Was noch real ist, ist meine Erinnerung, im Buch ist sie allerdings fiktiv erweitert: Prosnitz.
Als wir in Olmütz waren und ich über Prosnitz sprach, sagte einer unserer Reisebegleiter, ohne an die *Nachgetragene Liebe* oder an Herrn Glück zu denken: »Sie wissen, daß Prosnitz die Stadt mit den meisten Synagogen war ...« Das wußte ich nicht. Damit bekommt der Herr Glück noch gewissermaßen eine Folie, die vorher für mich nicht da war, meine Kindheitserinnerung wird dadurch mit Realität geradezu bestückt. Aber das sind andere Bestätigungen als diese eine Bestätigung durch den Brief ...

Gegen dieses Vaterbild setzen Sie sich zunächst zur Wehr –

Ja.

– die Kindererinnerung ist eine andere. »Wieder einmal muß ich von vorn anfangen zu erzählen«, heißt es. In Božena, *der Geschichte der Sekretärin des Vaters, die nach dem Krieg, weil sie bei einem Deutschen gearbeitet hat, als Kollaborateurin eingestuft wird und unglaubliche Demütigungen hinzunehmen hat, sind viele Dinge, die den Vater betreffen, selbstverständlicher, auch was die Ehe der Eltern betrifft. Das Vaterbild wird barmherziger, nachsichtiger, solidarischer – und das nicht nur, weil der Sohn sich aus dem Erzählten fast völlig herausnimmt, nur kurz als Kind des »Herrn Doktor« durch die Zeilen huscht.*
Die Vorgeschichte, jener kurze Reisebericht über Olmütz, und die ersten Seiten der Božena *ließen zunächst vermuten, daß jenes »von vorn anfangen zu erzählen« doch wieder dem Vater gelte. Ich schrieb über das Buch damals: »Doch wird die Božena schnell eine eigenständige Figur, die es zu erzählen gilt, auch der Ansatz, dem Vater – wie einst Hölderlin – einen Leib anzuschreiben, die Božena als eine Art Gußform für einen in Versatzstücken zu entwerfenden Vater zu modellieren, muß bald aufgegeben werden. Selbst die Sinnlichkeit, die Härtling seiner Figur liebevoll zuschreibt – man lese, wie noch der gealterten Frau die Wärme der Fersen ›vom Rücken in den Bauch rieselt‹ –, taugt nicht zum Spiegel für den gesuchten Vater, da dessen Nähe nur als Wunsch- und Tagtraum der Božena herbeigesehnt wird, als Vision einer fiktiven Figur bleibt so der ›Herr Doktor‹ eine doppelte Imagination.«*
Wann wußten Sie, daß der Vater wieder nur »auf zwei, drei verrutschten Fotografien« auftauchen wird, wenn auch diesmal in einem ganz anderen Grundton?

Als ich anfing, die *Božena* zu schreiben, wußte ich das überhaupt nicht.

Božena *hebt ja damit an, daß der Vater wieder aufgerufen wird, da ist.*

Das ergab sich – notgedrungen. Ich sag' notgedrungen, denn im Ansatz ist der Vater ja real, handelnd, fiktiv gegenwärtig; daß sich dann der Vater aus der Szene entfernte, das hat mit der Geschichte zu tun, die ich nicht beeinflussen kann ... Das war nicht geplant, nicht überlegt, das war dieses notgedrungene Verschwinden durch den Verlauf der realen Geschichte. Und dann war für mich klar, das ist ganz eigentümlich, daß die Figur der Božena zugleich auch fast zum Versteck für mich wurde. Wie 'ne Puppe in der Puppe. Und daß die Briefe, die Liebesbriefe der Božena im Grunde auch Liebesbriefe von mir sind. Aber eben so versteckt, daß sie etwas von Kassibern haben, die die Mitgefangenen gewissermaßen nicht kennen. Und dabei wollt' ich's auch belassen. Damit kommt – wie Sie's anfangs gesagt haben – der Blick auf die Höhe der väterlichen Augen. Ich wachse auf, es ist eine Erwachsenenliebe.

In der Božena *erscheint mir der Vater viel leichter, lebendiger, als neuer Zug auch: umgänglicher, trotz der ernsten Lage, trotz des tragischen Schicksals. In dem Reisetext* Die Gegend meines Vaters *ist auch eine gewisse Scheu zu spüren, dem Schicksal dieser Frau genauer nachzufragen. Dennoch: Was konnten Sie »finden«?*

Das blieb so wenig wie zu Beginn, das hat mit der Personenkonstellation zu tun. Von der Frau des Neffen von Frau Spatschek, die eine Magisterarbeit über die *Nachgetragene Liebe* geschrieben hatte, erfuhr ich, daß Frau Spatschek die deutsche oder die tschechische Ausgabe der *Nachgetragenen Liebe* noch gelesen hatte. Das wußte ich nicht, und ich weiß bis heute nicht, wie sie reagiert hat. Das andere war, daß der Neffe offenkundig durch die Ungerechtigkeit, die seiner Tante widerfahren war, noch immer extrem verletzt und nicht willens war, darüber Auskunft zu geben. Diese Kargheit, mit der er auf dieser Fahrt sagte: »Da hat meine Tante gewohnt ...«, auch, wie er Nachfragen unwirsch abwimmelte. Das stand ganz im Gegensatz zu dem, was passierte, als wir an der Schule ankamen – denn die Frau wollte ja, daß diese Schule Härtling-Schule heißt, und der Direktor machte auch mit – –

Nach welchem Härtling?

Jetzt kommt's: Die Schule sollte gar nicht nach mir benannt werden ... Sie sagte: »*Peter-Härtling-Schule* – das kriegen wir beim Kultus-Ministerium eher durch, aber: eigentlich ist Ihr Vater gemeint, denn den kennen wir hier.« Darauf ich, auch erleichtert: »Ja, nennen Sie sie doch so ...« Worauf sie antwortete: »Das können wir nicht, das kriegen wir beim Kultusministerium nicht durch ...« Mit einem Mal stand der Vater wieder da, und noch viel leuchtender, wenn man so will, denn ich war ja gar nicht gemeint, ich war sozusagen – ja, was war ich – die Ersatzperson (lacht) ... – ich hätte mir aber gewünscht, es wäre so gegangen ...

Das wär' doch schön gewesen, Peter-Härtling-Schulen *gibt es ja schon einige ...*

Zehn mittlerweile ...

Einmal wurde Ihnen von einer tschechischen Frau auch vorgeworfen, daß Sie sich für die Lage der tschechischen

Bevölkerung gar nicht interessieren würden ... Haben Sie mit der Božena *auch darauf antworten wollen?*

Das war ein zwanzig Seiten langer Brief einer Prager Historikerin, in dem mir vorgeworfen wird, daß ich die Position eines Pimpfes einnehme, da ich nicht schreibe, wie die Tschechen zum Teil verfolgt worden seien, daß sie mit Deutschen nicht spielen durften usw. Da verwechselt sie allerdings etwas: Ich bin kein Historiker, sondern ich schreibe meine oder eine Geschichte, aus einer Perspektive. Der Vorwurf allerdings ging mich schon an: Einmal, da ich tschechische Verwandte habe, zum andern, weil ich nach '45 sehr viel über die Situation der Tschechen während der Protektoratszeit erfuhr. Nur: So einfach ist die Geschichte nicht. Dieser Brief ist auch einseitig, denn in ihm ist von der Kollaboration der Tschechen mit den Deutschen überhaupt nicht die Rede. Deswegen hat der Brief im Grunde ein bissel die Wirkung verfehlt, abgesehen davon, daß dieser Brief wohl ohne Zweifel der einer bitter Betroffenen ist – und das akzeptier' ich. Ich akzeptiere aber nicht die Verwechslung von Erzählperspektive und – ihrer – reportierenden, historischen Perspektive und auch nicht die Verwechslung von Parteilichkeit und Wirklichkeit, Realität.

So etwas hakt aber wohl dennoch fest ...

Ja, das hat wehgetan. Sie können da aber nachbohren, ich entdecke da nicht einmal die Andeutung einer Erinnerung an diesen Brief, die mich bei der Beschäftigung mit der Božena überhaupt berührt oder bewegt hat. Diesen Brief habe ich nicht erinnert, der ist nicht mehr dagewesen. Dem Brief nach war sie eine ganz entschiedene Sozialistin, also eine Frau, die in der ČSSR die politische Möglichkeit sah, die sie vertrat, und daß sie hernach, nach der ›sanften Revolution‹, wie die Tschechen sagen, ein wenig aus der Kurve geworfen schien …

Der Brief ist also nach '89 geschrieben.

Ja, und solche aufgewühlten Zeiten tragen nach.

Ist Božena *ins Tschechische übersetzt worden?*

Nein, aber es soll übersetzt werden, die *Nachgetragene Liebe* ist es bereits.

Božena macht ja etwas, das man ebenfalls mit »nachgetragener Liebe« beschreiben könnte: sie schreibt dem zur Wehrmacht eingezogenen »Herrn Doktor« Briefe, die doch Notate nur für sich selbst bleiben. Sie wird sie nie absenden, wohin auch; noch nicht einmal die aberwitzige Hoffnung einer Flaschenpost tragen sie in sich. Später erfährt sie, daß der Adressat längst tot ist, sie an einen Toten geschrieben hat.
Wie kamen Sie auf die Idee, Božena in diese doch zwangsläufig monologische Korrespondenz treten zu lassen, weshalb reichte Ihnen der traditionelle innere Monolog nicht? Zum einen, das ahnte ich schon, sind es also eine Art eigene Briefe, aber andererseits dieses Besondere: Hinter die Schriftlichkeit noch eine Schriftlichkeit zu setzen … Zum einen war es wohl der in der Verschriftlichung konzentriertere Ausdruck, der damit erreicht wurde, sollte zum andern auch eine nahe Distanz entworfen werden, durch das magische Bannen des Ausgesprochenen?

Es ist ein Unterschied, im übrigen auch in der Fiktion selbst, in der Erzählkunst selbst, zwischen innerem Monolog und Brief. Ein ganz beträchtlicher …

Das ist mir schon klar – aber warum reichte diese eine Form nicht?

Der innere Monolog wär' mir in der *Božena* ganz untauglich erschienen, die Božena ist keine Person des inneren Monologes, überhaupt nicht: Innen schweigt sie. Was sie neben dem Schweigen – und dem Reden mit dem Hunderl – tut, ist ein Akt, es ist jedesmal eine Anstrengung. Das Schreiben ist für sie nichts Selbstverständliches. Sie tritt aus sich heraus, wird in dem Moment eine andere, bleibt deswegen auch immer die gleiche. Auch die ältere Božena, die an den »Herrn Doktor« schreibt, ist noch immer die junge. Das war für mich auch der große Reiz, den Tonfall der Briefe nicht wechseln zu müssen. Das hätt' ich ja tun können … Aber selbst im Abschiednehmen bleibt sie noch immer diese junge Person des Anfangs. Und damit bleibt sie mir auch nah.

Für mich klang da auch der Dichter von Künstlerfiguren des 18./19. Jahrhunderts, wo die Briefkultur ja eine ganz gewichtige ist, durch. Und: die Briefe sind ja auch eine Möglichkeit der Selbststilisierung –

Ja.

Eigentlich ist ja auch schon die Nachgetragene Liebe *ein sehr langer Brief …*

Ja.

Und es gibt auch das berühmte Gegenbeispiel, das Leiden aneinander, auch das Stilisieren dieses Leidens, Kafkas Brief an den Vater. Für mich schwingt in Ihren Texten oft beides mit.
Denken Sie beim Schreiben manchmal an dieses tradierte Spannungsgefüge?

Nur entfernt. Aus einem ganz einfachen Grund: Ich habe kein einziges Buch geschrieben, in dem das Ich durchgängig war. Dieses handelnde, fragende, zweifelnde, euphorisierte Ich der romantischen Briefsteller und auch Briefromane – das kenn' ich nicht.

Ein eher zusammentragendes Ich ...

Ja, das ist ein anderes. Oder es ist ein Ich, das mit Scheinobjektivierungen schützend spielt.

Andererseits ermöglichen Briefe ein rigides Ich-Sagen, auch das hat mit anderen Texten von Ihnen viel gemein: Offene oder fiktive Briefe, die Briefeinschübe in Herzwand, *der* Brief an meine Kinder *oder der* Für Ottla *geschriebene, voll Wut und Zorn, voll Trauer und Melancholie, unmittelbar, auch ungeschützt.*
Für Božena sind es Liebeserklärungen und Rechenschaftsberichte; wie es die Nachgetragene Liebe *ja auch ist. Geschieht hier nicht das gleiche, nämlich Verdeutlichung von Konturen, was ich vorhin für das »Erfinden« beschrieb, obwohl der Ansatz eben genau das Gegenteil ist: statt Fiktionalisierung ein – authentisches oder, wie in Boženas Fall, ein dem Leser weisgemachtes, vorgespielt authentisches, aber eben doch: – Sichzugeben, Bekennen?*

Ich hab' Zeit meines Lebens im Erzählen Furcht gehabt vorm unverstellten Ich. Ich kann nicht sagen, warum. Die Form des Ich-Romans halte ich komischerweise als Leser für etwas sicher auch unfreiwillig Obszönes. Nicht die Form des Briefes. Das Brief-Ich kann ja auch ein fingiertes sein, denken Sie an *Hyperion*, an viele andere, ähnlich kunstvolle Briefromane ... Das Brief-Ich ist im Brief selbst, das ist richtig, eines, das sich nicht schonen will, aber keineswegs immer. Dort, wo es nur kunstvoll verwendet wird, ist es für mich dann eine abstruse und manchmal auch abscheuliche Mischform, es ist ein ›unsauberes Ich‹. Deswegen scheu' ich mich davor, ich könnte nie einen ganzen Roman in der Ich-Form schreiben.

Es blitzt aber auf –

Ja, das laß' ich zu, aber ich nehme es auch wieder zurück. Wenn, beispielsweise in der *Nachgetragenen Liebe*, der Anredende, der ich ja bin, das »Ich« verwendet, dann springt dieser absolut aus der Erzählung heraus. Ich reflektiere ja als »Ich« das erzählte »Er«.

Da sind wir ja wieder am Anfang, bei den sich verschiebenden Blickwinkeln, die dann immer andere sind ...

So ist es, ja.

Sie selbst sind ein arg strapazierter Briefempfänger und damit -leser, aber auch -schreiber; ich fand daher die Idee von Luchterhand sehr schön, als Jubiläumsgabe einen Band Briefe an Peter Härtling *zusammenzu-*

stellen. Nun ärgert es mich als Leser von Briefeditionen meist, daß die Antwortschreiben an die Autoren nicht beiliegen; hier ist es nun der umgekehrte Fall.
Auch wenn dies jetzt ein wenig abseits führt: Wie hoch ist der Wochenschnitt dieses Briefwechsels?

Da möchte ich so genau wie möglich sein ... Da muß ich unterteilen, spezifizieren, ich muß sie in drei verschiedene Eingangskästchen legen: Zum einen Briefe von Kindern, bei weitem die größte Zahl. Während der Schulzeit – in den Ferien ist das wunderbar, da kann ich etwas aufatmen – sind es täglich zwischen fünf und fünfzehn. Dann kommt die Geschäftspost, Anfragen, Vertragsdinge, Kleinverträge, Fragen der Übersetzer usw. Als drittes kommen die Briefe der Leser, der Freunde, Bekannten, Verwandten. Das sind die drei unterschiedlichen Fächer, die auch ganz unterschiedlich beantwortet werden. Die Briefe an die Kinder beantworte ich – da muß ich sagen: beantworten wir, da muß ich meine Frau ganz und gar einschließen – manchmal ganz schnell ... Bei der Geschäftspost sind es sicher achtzig Prozent, die ich schnell mache, denn da weiß ich Bescheid, da müßte meine Frau immer nachsuchen. Die dritten sind natürlich meine Sache. Ich schreibe gern Briefe. Das heißt nicht, daß das mir manchmal nicht zur Last fällt, Briefe kann ich aber gelegentlich auch unterwegs schreiben, auch im Hotel, dadurch bleibt nie viel liegen. Erst in letzter Zeit, nachdem die Post die Kapazität mitunter sehr übersteigt, lege ich auch manches weg, wenn ich einfach nicht mehr kann ...

Und wieviel Briefe sind das etwa, die in einer Woche zusammenkommen?

Samt den Kinderbriefen ... Zwischen sechzig und hundertfünfzig. Das kann wirklich unterschiedlich sein, vor allem durch die Kinderpost.

In dem erwähnten Bändchen sind Briefe aus vierzig Jahren versammelt – nach welchen Kriterien bewahren Sie Briefe auf? Wissen Sie, was sich da bisher so angesammelt hat? Gibt es da so etwas wie ein Privatarchiv?

Ja, ein Archiv gibt es. Ich hab' sie immer aufgehoben, und am Anfang alles. Wie sich eben jeder junge Autor über Resonanz freut. Diese Briefe habe ich in Leitz-Ordner getan, noch nicht mal alphabetisch, sondern nur nach Jahren. Vor etwa zehn Jahren, als meine Frau sagte: »Es hat gar keinen Sinn, daß du alle Briefe aufhebst, da müssen wir anbauen!«, habe ich es eingesehen: »Gut, ich werfe halt manche weg, und Geschäftspost usw., das braucht's ja auch nicht ...« Und dann sagte – oder: sie trug mir auf, die Ordner von Anfang an durchzusehen und auch auszusieben. Da lag dann beispielsweise 'ne Karte von Ingeborg Bachmann – gelocht! Die hab ich damals gelocht! (lacht) – Dann hab' ich mich mit Mechthild zusammen hingesetzt und die wichtigeren Briefe – den Briefwechsel mit Helmut Heißenbüttel z. B. – einfach für sich geordnet. Längst noch nicht alles, wir werden auch nicht durchkommen, aber wir versuchen's.

Doch wieder zurück zu Božena, *denn es gibt noch etwas, das jene, wie ich finde, mit dem Ich aus der* Nachgetragenen Liebe *verbindet: es sind unerfüllte, nie ausgelebte, für Rudolf Härtling wohl auch unausgesprochen gebliebene Lieben, wenn sie natürlich auch ganz verschiedener Natur sind. Ist dies auch einer der Gründe, daß Sie in diesen Texten doch relativ viel Gefühl zulassen?*

Wie meinen Sie das?

Daß in diesen Texten diese Lieben bekannt werden ... Das Tragische an der literarischen Božena ist ja auch, daß sie zeit ihres Lebens die Liebe nicht bekannt hat. Und in der Nachgetragenen Liebe *ist ja auch noch viel von Leid und von Mißverständnis und Ruppigkeit die Rede.*

– ja, ich versteh' jetzt –

Ein Liebebekennen, das sozusagen zeitlebens versäumt wurde, daß das nun nachgeholt wird ... Der Titel Nachgetragene Liebe *sagte das zwar schon, aber da wurde noch etwas zurückgehalten.*

Ja, ich verstehe. Vermutlich hat das auch etwas mit dem Altern zu tun. Sicher auch mit mir selbst, mit meiner Art und Weise des Erinnerns, auch mit meinem Gefühlshaushalt ... Sie müssen ja, wenn Sie soweit sind, Liebe zu bekennen, die beinah' Ihr ganzes Leben durchreicht, auch mitbewegt hat, viel vergessen, um das zu gewinnen. Und ich glaube, das geht nicht gleich.

Die Ehe der Eltern war offenbar recht schwierig – dennoch scheinen sie sich in einem sehr wichtigen, alles andere als selbstverständlichen Punkt einig gewesen zu sein: daß Dinge erledigt werden mußten, die Gefahr, aber keinen Gewinn einbringen. Zumindest ist in Ihren Texten von diesbezüglichen Zwistigkeiten nirgends die Rede, vielleicht haben sie ja sogar gemeinsam gehandelt, etwa zu Kriegsende Entlassungsscheine für Wehrmachtsangehörige gefälscht – auch wenn die Erinnerungen immer wieder korrigiert werden, vage bleiben.

Wenn Sie Ihre Erinnerungen und die der von Ihnen Befragten durchforsten: Stimmt dieser Eindruck, den ich da aus Ihren Texten gewonnen habe?

Unbezweifelbar. Ich kann das ja nur als Leser einiger erhaltener Briefe, die meine Eltern wechselten, sagen. Die allerdings erlauben den Schluß, daß die Ehe '45 fast oder schon zerbrochen war. Aber sie haben eines – vielleicht auch uns, meiner Schwester und mir zuliebe – fertiggebracht, zumindest in dem Bild der Gemeinsamkeit, das mir geblieben ist, daß sie, wenn sie zusammen waren, oft auch ganz ausdrücklich gemeinsam handelten. Und auch ihre Gemeinsamkeit nach außen hin zeigten. In diesem Bild der Gemeinsamkeit fällt mir, je älter ich werde, und die Ehe mit meiner Frau dauert ungleich länger als die Ehe meiner Eltern, eines auf, und jetzt sag' ich nicht »von meinem Vater« oder »von meiner Mutter«, sondern »von meinen Eltern«: die extreme Ungleichheit. Die große, etwas dunkle Schwere meines Vaters und die – für mich noch immer geradezu leuchtende – Zappligkeit meiner Mutter. Diese extreme Beweglichkeit, die sie hatte, die erst nach '45, nach Zwettl nachließ. Ein geradezu stürmischer Unterschied, daß ich mir heute sage: Das hat gar nicht gutgehen können. Da ist einfach wirklich zuviel Unterschied, zuviel Disparates aneinandergeraten, auch im übrigen in den familiären Herkünften. Es ist immerhin für uns Kinder wunderbar gewesen, daß dies zusammenhielt – bis ohnehin *alles* auseinanderkrachte.

Die Frau hätte ja, auch wenn ich an die berufliche Seite des Vaters denke, genausogut sagen können: Du bringst uns alle in Gefahr, Geld bringt's auch nicht ein, also laß es sein und mach' Karriere ... So etwas scheint ja nicht stattgefunden zu haben.

Ich kann nicht erklären, warum das nicht stattfand, aber, wenn ich das innere Porträt meiner Mutter richtig definiere, nehme ich als Grund für diesen Zusammenhalt die Abenteuerlust meiner Mutter. Die kam aber eben auch aus einer Familie, in der sehr viel an außerordentlicher Neugier, an Abenteuerlust, auch an reinem Irrsinn, versammelt war. Ein Mädchen, die mit ihren Brüdern Viererbob fuhr, und viel anderer Quatsch. Gut, die hatten in ihrer Kindheit auch viel Geld und viel zur Hand – sie fuhr auch später noch in abenteuerlichsten und gefährlichsten Karossen ... Das hat meinen Vater sicher auch enorm gereizt zuerst, das ist doch klar.

Wenn aber schon die Leute im Gefängnis wissen: Da gibt es den Härtling, das ist einer, der was tut, dann können das ja nicht nur Einzelfälle gewesen sein. Das kann man ja nun nicht nur mit Abenteuerlust erklären, das muß ja auch etwas damit zu tun haben, daß man sich schon auch politisch einigermaßen verstanden hat, dieses ganze Nazitum von innen heraus ablehnte.

Darüber denke ich in der letzten Zeit sehr nach, weil ich an einem neuen Stoff sitze, der das auch politisch zu fassen versucht. Der Vater meines Vaters, ein Fabrikant in Brünn, war ein, so wie es mir jetzt scheint, typischer Reichsdeutscher. Von Haus aus Färber, ging er nach Mähren, zu den mährischen Wolltuchfabriken ... Einerseits war er sehr nationalistisch, andererseits waren die Leute, mit denen er als Teilhaber an dieser Fabrik ständig zu tun hatte, Juden. Zum dritten hatte er ständig mit Tschechen zu tun, seine Tochter heiratete einen Tschechen. Dieser Nationalismus war wohl auf verrückte, aber noch haltbare Weise eingebettet in eine Vielstimmigkeit, die die offenbar beherrschten, ertrugen und konnten – mit allerdings immer wieder beträchtlichen Spannungen. Das ist etwas, das die Kindheit und Jugend meines Vaters eingefärbt hat. Jetzt füg' ich eine Entdeckung hinzu, die mich im nachhinein stolz macht: Diese intellektuelle Imprägnierung war so beständig, daß sie meinen Vater nicht in jene ethnische Wölfigkeit zurückfallen ließ, wie sie in diesem Jahrhundert immer wieder auftaucht, bis heute, wie zum Beispiel in Jugoslawien. Er blieb dabei. Ich glaub' gar nicht, daß das sehr politisch war, er war nicht ein erklärter Antinazi. Er erklärte sich durch seine Erfahrung und Herkunft und war dadurch ein Gegner des Regimes.

Und die Mutter?

Mit Sicherheit anders. In der mütterlichen Familie gibt es Juden, Italiener, Ungarn ... das war ein heikles und gefährliches Gemisch. Ich nehme an, sie hat, obwohl einer ihrer Brüder Offizier war, die Nazis von Grund auf nicht gemocht: Meine Mutter war 'ne Anarchistin. Und das war sie sozusagen von Geburt auf, wie ihr Vater auch. Die waren beträchtlich meschugge, und das find' ich auch wunderbar, daß das so war. Einer ihrer Brüder war Anwalt, taugte als Anwalt nix, kaufte dann eine Zoohandlung in Dresden und reiste mit einem Schimpansen durchs Land ... Also, das sind Figuren, die find' ich schon klasse (lacht).

Das ist in der Tat schon eine merkwürdige Mischung, die sich aber doch wohl auch in der beschriebenen Übereinstimmung irgendwo überschneiden mußte ...

Ja, das tat sie.

Das erste Buch des freiberuflichen Schriftstellers Peter Härtling, Eine Frau, *nimmt Züge der mütterlichen Biographie auf. Für mich besitzt es aber nicht die Intensität anderer Texte – der Anfang liest sich wie ein Kitschroman, am Ende stehen die Zusammenbrüche: diese Frau hatte nicht jene Chance des Gemäßen, sie war auch sich selbst fremd. Ihre Aktivitäten blieben doch recht unmotiviert und beschränkt, Handlungszwänge ergaben sich eher aus äußeren Anlässen als von innen heraus. Ein Verarbeitungsprozeß der vielfältig erlebten Eindrücke findet kaum statt, darum vermeide ich auch den Begriff der Erfahrung, das Werden eines Selbstverständnisses ist somit nur schwer nachvollziehbar. Andererseits ist so ihre totale Anpassungsfähigkeit an jede Situation erklärbar. Dies ist jedoch das gegenteilige Verhalten Ihrer sonstigen Romanfiguren, die ja gerade dadurch in tiefe Krisen geraten, weil sie sich selbst nicht untreu werden können.*

Für mich ist *Eine Frau* ein außerordentlich zentrales Buch, aus all den Gründen, die Sie jetzt genannt haben. Ich glaube, daß es deswegen, seit seinem Erscheinen, eines der noch immer lebendigsten Bücher ist. Es hat eine Auflage nach der anderen. Ich seh' eines gleich wie Sie, daß diese Person gelebt wird. Das war auch eine Absicht dieses Buches, eine Frau aus dieser Generation zu schildern, die sich, etwas älter als die Generation meiner Mutter, durch Anpassungen entstellt. Allerdings geht das Buch über den Tod meiner Mutter hinaus, auch zeitlich – und dies ist dann doch der Versuch, zu zeigen, wie anstrengend eine solche Anpassung ist und wie Menschen dennoch fähig sind, unter dieser immer fester werdenden Kruste ihre Emotionen zu bewahren. Das tut die Katharina ja, sie bleibt neugierig, sie bleibt liebesfähig. Wenn diese Kruste plötzlich birst, kommt kein Aufbruch mehr zustande, das wohl nicht, auch keine tiefen Einsichten, aber so etwas wie Selbstbehauptung. Diese Rede am Geburtstag, das ist Selbstbehauptung.

Diese Rede am Geburtstag, als Rede, als Text gefällt die mir sehr gut, aber ich trau's der Frau kaum zu ...

Also ich schon –

Das ist schon klar –

Ich trau' ihr dies zu, weil sie – Erfahrung, Sie haben recht, ist fast zuviel – Erlebnisse hat, sie reagiert. Sie reagiert verwundert und verwundet, beides, Sie läßt sich was sagen. Das hat nun auch etwas mit dem Status ihrer Mutter zu tun, die Jüdin ist, und sie hat jetzt sozusagen eine offene Flanke, eine Flanke der Angst, der Furcht, sie ist immer wieder zu packen.

Dies wär' ja auch eine Parallele zu Guttmann. – *Aber auch später, als sie selbst Arbeiterin wurde, ist es noch immer so, als sei es nur ein Rolle, die sie spielt, kein ernstgewordener Alltag.*

Ja, sie spielt auch nur die Rolle, das ging ja nicht anders. Wissen Sie, ich habe ja viele solcher Frauen erlebt, die heute hochstilisierten Trümmerfrauen. Meine Mutter hat beispielsweise, um es klar zu sagen, aus russischen Tanks die Scheiße rausgeschaufelt oder Kartoffeln geschält in der Kommandantur der Roten Armee. Und das hätt' ich die Katharina auch machen lassen, das ging dann aber nicht, weil sie woanders hingeraten ist – das haben viele Frauen gemacht, die sind da eingesetzt worden, die hatten vorher eigentlich nichts gemacht als Haushalt und Vermögen verwaltet. Plötzlich wurden sie in eine Rolle gedrängt, die manchmal beinah angenommen wurde oder die ihnen etwas mitgegeben hat, aber aus den Rollen sind die dann alle wieder raus ... Das war ja das, was uns Kinder so ungeheuer aufregte, daß diese Frauen, die mit einem Mal so ungeheuer frech schienen, zwei Jahre später wieder zurücktraten in ihr altes Selbstverständnis und, auch erleichtert, unterschlüpften.

Flüchterflüche

Als der Vater weg mußte – im Februar '43 zunächst in den Krieg, dann in die Kriegsgefangenschaft –, begann eine Zeit, die Sie als Herrschaft der Frauen bezeichnen.

Ja, wahrlich.

Ich muß gestehen, daß ich mit dieser Bezeichnung so meine Schwierigkeiten habe: Gemeint war wohl, daß die Frauen den Alltag im sozialen Gefüge der Familien bestimmten – schon das stimmt ja nur bedingt: über den Jungen Peter z. B. scheint jede letzte Einflußmöglichkeit verlorenzugehen, er kommt und geht, wann er will, auch sind die äußeren Bedingungen kaum beeinflußbar. Zum anderen aber, vor allem dann, wenn man an die Nachkriegsbedingungen denkt, ist hier doch eine Männerherrschaft im verschärften Sinn gegeben: Es gibt Sieger und Besiegte, militärisch wie moralisch, Besatzer und Besetzte, und die militärische Administration setzt sich nun einmal vorwiegend aus Männern zusammen, welche in den Städten in ihrer Altersgruppe wiederum vor allem auf Frauen trafen – die Männer waren gefallen oder in den Lagern. Die Frauen mußten niedrigste Dienste leisten, von dem furchtbaren Kapitel Vergewaltigungen ganz zu schweigen.
Das alles geht für mich mit einem Verständnis von »Frauenherrschaft« nur schwer zusammen.

Das ist doll, daß Sie das so ansprechen, *so* ansprechen. Das meine ich vor allem mental, vielleicht auch aus Wut

im nachhinein. Ich habe '45 ja etwas verloren: den Anfang meines »Mannes- und Heldentums«, der Beginn war auch gleich wieder verspielt. Im selben Moment verlor ich den Zugang zur Männerwelt, all die Helden und Versprechungen verschwanden. Was blieb, waren aufgeregte, aufgescheuchte, ängstliche und hysterische Frauen. Und damit veränderte sich absolut das Klima, auch das mentale Klima. Diese warme Angst, diese auch erhitzte Unrast der Frauen, ergriff mich genauso, da war ich einbezogen, obwohl ich mich ständig wehrte und widersetzte und ausbrach, rauswollte. Zurück mußte ich allemal.
Als meine Mutter im Beisein meiner Schwester, die es bis heute nicht geschafft hat, davon loszukommen, vergewaltigt wurde, und ich mit meiner Tante aus Brünn zurückkam und das alles erlebte, war ich in diesem absoluten Aufruhr, in diesem Einbruch in eine ohnehin zusammengebrochene Familie, das einzige männliche Wesen. Und die Klage, auch der Zorn, glich dem einer Gruppe von Klageweibern. Und da fühlte ich mich zum einen untergebuttert, zum anderen ausgeschlossen.

So zielt dies doch eher auf den Kinderalltag, auf die veränderte familiäre Organisation. Weiberherrschaft zu Hause und die der Rotzer auf der Straße – zwei Welten, zwischen denen der Peter hin- und herpendelt.
In einer Arbeit über Ihren Hölderlin *las ich als eine der wichtigen Erkenntnisse, die aus diesem Buch zu gewinnen seien, daß Hölderlin in Männergemeinschaften aufgewachsen ist. Wie auch die anderen, möchte ich hinzufügen.*
Sind Sie in einer Frauengemeinschaft großgeworden? Und wie werden dann von Ihnen diese Männerwirtschaften in Ihren Texten reflektiert?

Ich würde schon behaupten wollen, daß ich, bis in meine Berufsjahre hinein, häuslich, jetzt sag' ich nicht zu Hause, nichts anderes erfahren habe als Frauen. Und eben immer, wenn auch beruhigt und anders, die Erinnerungen und Erfahrungen der Frauen mit teilte. Das ist schon etwas anderes, als wenn es da noch einen Vater gegeben hätte. Allerdings habe ich, eben weil ich ein absoluter Nestflüchter war, sehr schnell Männer in meiner Umgebung gefunden, die meinen Vater ersetzten – oder den Jungzugführer.
Wenn Sie aber feststellen, und das verblüfft mich, es stimmt ja auch, daß in den Romanen, in denen ich einen biographischen Grund habe, ob das nun Hölderlin, Waiblinger, Schubert oder Mörike sind, daß das alles Internatsschüler sind, die also in Männergesellschaften aufwuchsen. Sie sind alle, ausnahmslos, unglaublich befähigt, Freundschaften zu schließen, zu halten, Freunde zu sein und zu finden. Und: sie gehen auf geradezu irrwitzig verquere Art mit Frauen um. Daß ich diese Komplikationen in mir und mit anderen so nicht habe, ich habe andere, hat mir die Weiberwirtschaft beigebracht. Die haben mich aber immer fasziniert. Und, jetzt wird mir das erst klar, wissen Sie, warum? Weil dies die Sehnsucht meiner Kindheit war, in so einer Männerwirtschaft großzuwerden. Das Jahr '45 und der endgültige Untergang Hitlers haben mich davor bewahrt.

Ist Ihnen dies beim Schreiben irgendwann deutlich geworden?

Nie, nie! Jetzt, in dem Moment komme ich darauf. Das ist schon unheimlich.

Die Männergemeinschaften der Internate, Stifte usw. ergaben oft enge Freundschaften, manchmal wohl sogar Lieben.

Von Freunden – nicht Kumpanen – ist aber in den autobiographischen Texten nirgends die Rede. Gerade nachdem es sich herausgestellt hatte, daß das Zugehörigkeitsgefühl so seine Tücken hatte, wundert mich dies; es hätte ja eine Alternative sein können. Spätere Zuneigungen galten Menschen, die mit Ihnen zurechtkamen, die älter, reifer waren: im Grunde Ersatzväter wurden wie der Deutschlehrer Erich Rall, der Maler Fritz Ruoff. Solche Beziehungen durchziehen ja geradezu leitmotivisch Ihr Werk.
Können Sie sich heute erklären, woran das lag, daß diese Freundschaften nicht existierten, zumindest in den Texten nicht auftauchten?

Nein, sie existierten auch nicht. – Es war eine kurze Zeit, '42 bis '45, wo dies möglich gewesen wäre; drei Jahre, Freunde zu finden, Freunde zu haben. An zwei, beide waren übrigens Söhne von sehr hohen Offizieren, erinnere ich mich ... Ich habe mich aber nie gefragt, warum sie nicht als Gestalten, als nähere Figuren in meine autobiographischen Texte eingegangen sind. Das hat wohl mit ihrer Flüchtigkeit zu tun, Freunde zu gewinnen geht so schnell ja nicht. Solche Bindungen, die z. B. so wie zwischen Hölderlin und Sinclair zustande gekommen sind, sind Freundschaften, die einer bestimmten, geteilten, und zwar über längere Zeit geteilten, gemeinsamen Erfahrung bedürfen und einer zunehmenden Reife. Sonst werden das keine Freundschaften, es bleiben Berührungen. Und worüber haben die gesprochen! Die haben ein Stück des Weltgeistes miteinander ausgebrütet, also dazu waren ich und meine dämlichen Freunde, und ich war genauso dämlich, in unseren Uniformen gar nicht in der Lage. Wir haben eventuell über das »starke Geschlecht« philosophiert, das uns Will Vesper in die Köpfe gepflanzt hat, das war aber schon alles. Und danach war es eben so, daß das Gefühlsgewebe, das die Frauen um mich gesponnen hatten, ja erst einmal wieder zerrissen werden mußte.

In Hölderlins Werk gibt es aber Texte, mit denen ich so meine Schwierigkeiten habe: Gedichte wie Achill – Herrlicher Göttersohn! *oder* Tod fürs Vaterland, *die gar nicht so recht in das Bild des »sanften Hölder« passen: ». . . doch / lieb ich, zu fallen am Opferhügel . . . Dir ist, Liebes! nicht Einer zu viel gefallen.« Die Sekundärliteratur weicht diesen Zeilen gern aus oder verweist auf eine ferne, abstrakt-gerechte Staatsidee. Sie selbst betonen Ihren pazifistischen Standpunkt, Äußerungen zu diesen Hölderlin-Worten habe ich nicht gefunden.*
Für mich sind diese Zeilen denk- und lesbar als hypertrophierter, verzweifelter Täterwunsch des Denkers. Eine *Tat, und diese gilt gleich der letztmöglichen Konsequenz, dem eigenen Leben.*

Sie können gar nicht ahnen, wie mich diese Stimme Hölderlins, seit ich sie kenne, verfolgt. Nicht quält, verfolgt – und beschäftigt. Ich habe den Hölderlin, der den heroischen Kampf nicht verherrlicht, sondern eher verinnerlicht, nie ganz ausgeschlossen. Es gibt im übrigen einen grandiosen und fast komischen Anfang dieses Themenzugs in seinem Werk, das ist das Gedicht an *Die Tek* mit den großen Mutterbildern. Was hier geschieht und hypertrophiert wird, ist ein uralter Menschengedanke, das ist mir sehr, sehr spät, erst, als ich meine Nürtinger *Rede an den Frieden* schrieb, klargeworden. Es ist die Idee vom Opfer, es ist gar nicht unbedingt die Idee vom Sieg: »Dir ist . . . nicht Einer zu viel gefallen« – das heißt doch auch, es hat sich nicht einer zuviel geopfert. Dann ertrage ich das etwas leichter, wobei ich immer Geschichte mitdenke, historisch natürlich Hölderlins Sprache und heroische Metaphorik erklären kann, die liegt in der Zeit. Auch Klopstock hat ganz Ähnliches gedichtet, darauf kommt es mir nicht an. Mir kommt's hier auf Hölderlin an, und da wird die Sache etwas prekärer.

All seine Freundschaften, die ja Freundschaften mit Tätern waren – eine These, die man wirklich beweisen kann, Mann für Mann, wie ein Menetekel –, bargen das Opfer in sich, nein: nicht wie ein Menetekel, wie einen Keim. Stäudlin, der erste große Täter-Freund, opfert sich; Sinclair, der zweite große Täter-Freund, opfert ihn ... andere verschwinden, gleichsam sich dem Leben opfernd, wie Neuffer. »Opfere Dich!« – dieses Leitmotiv ist immer da. Ich bin erfreut, daß Sie da drauf gekommen sind: ich hab' mich widersetzt, diese Gedichte nicht mal gelesen. Dann schlug das um. Mir wurde klar, daß da noch etwas drinsteckt, das ich bisher nicht gelöst habe. Und dieser Opfergedanke ist ohne Zweifel dabei.

Damit läßt es sich schwer anfreunden ...

Ja. Aber da läßt sich bei Hölderlin manches sagen. Es ist ja immer das Paar, wobei sich in dem Paar auch immer Hölderlins Sehnsucht niederschlägt, daß der andere der tätige Arm sei. Der andere ist die Faust; er bleibt der Kopf.

Zu Ihrem ersten Roman Im Schein des Kometen *haben Sie eine sehr kritische Haltung. Mir wurde bei der Lektüre dieses Buches eine Eigenart der Härtlingschen Figuren besonders deutlich: eine rational nicht erklärbare, geradezu somnambule Sicherheit im Finden des Gemä-*

ßen, seien dies Menschen oder Verhaltensmuster. Lily aus Waiblingers Augen *besitzt diesen Zug sehr ausgeprägt, aber auch bei* Felix Guttmann *ist er zu finden. Gehört das zu Ihrer Utopie vom Menschen; Lily bezeichneten Sie ja einmal als einen solchen Entwurf?*

Wenn der Mensch ein Entwurf ist, ein Entwurf, der sich meistens nicht erfüllt – das ist sehr hölderlinisch gedacht –, dann ist eine Figur wie die Lily, auch der Felix Guttmann oder der junge Mörike, für mich der deutlich gewordene Entwurf. Niemand, der erfüllt, sondern in seinen Möglichkeiten offen bleibt, und das scheint mir wesentlich zu sein. – Sie haben schon recht: auf diese Figuren laufe ich zu, die brauche ich beim Schreiben, da diese Figuren etwas enthalten oder versprechen oder haben wollen, was ich auch haben will.

Die Szenen, die in den autobiographischen Texten entworfen werden, sind Erinnerungsblitze, die Details kurz aufleuchten lassen, oder es sind Berichte, die zusammenfassen, kommentieren, raffen. Man hat immer das Gefühl, daß da noch irgend etwas ist, das noch zu erzählen wär'. Und das hat nicht nur mit der in diesen Texten bevorzugten Collagetechnik zu tun.
Ob die Zeit als Pimpf oder die Nachkriegszeit, von der Straße werden nur wenige Erlebnisse preisgegeben, vor allem war sie wohl einfach das Andere zur häuslichen Situation. Sosehr der Wunsch, weg zu sein, zu dominieren schien, es blieb aber doch ein relativ großer Rest von häuslichem Eingebundensein, auch wenn ich an die stets mit Wärme erzählten Mutterfiguren denke.
Es gibt in den Texten zwar Stellen, die die Wünsche des Jungen nennen, das heißt, was er sich in diesem oder

jenem Augenblick insgeheim von seinen Eltern erhofft und wie er sich dann stets enttäuscht sieht. Weshalb aber erfährt man über diese Ambivalenz von Schutzsuche und Flucht vor den familiären Verhältnissen relativ wenig?

Weil die Fluchtbewegungen nach den ersten zwölf Jahren meines Lebens so vehement waren, daß die Zeit vorher einfach nur noch aus dieser Bewegung gesehen wird. Anders kann ich's nicht erklären.

Dann kam es zu einer Szene, von der Sie sagen, daß sich von da an diese ganze Nazi-Geschichte erledigt gehabt hätte: Sie werden in einer Zwettler Gaststätte von einem Alt- und nun natürlich Ex-Nazi angebrüllt, daß man auch aus Ihnen schon noch einen Demokraten machen würde. Wieso hat dieser Typ, diese Szene es geschafft, was die Familie über all die Jahre nicht zustande gebracht hat?

Die Szene hat eine Vorgeschichte: Wir gingen unter der Obhut meines Vaters, der uns geholt hatte, mit der Erwartung nach Zwettl, daß es von den Amerikanern besetzt werden würde. Als wir ankamen, bereiteten sich eine SS-Einheit und Wlassow-Armisten vor, die Stadt zu verteidigen, sie bauten quer über die Straße eine Mordsbarrikade und stellten zwei Panzer hin. Das faszinierte mich, das fand ich wieder extrem heroisch. Auf meine Frage erzählten die mir dann, daß der Führer ganz frische, neue Waffen hätte usw. Was '45 eben so erzählt wurde, immer das gleiche, aber ich glaubte das. Ich erzählte das meinem Vater, der daraufhin resigniert sagte: »Das sind Idioten.« Es gelang dann einem alten Arzt, Herrn Dr. Löbisch, diese Leute zu überreden, es bleibenzulassen. Wie er das gemacht hat, weiß ich nicht, aber die gingen weg; Zwettl wär' nicht mehr vorhanden gewesen. Ein halbes Jahr später spielte ich im Innenhof des Gasthofes mit jungen, etwa sechzehnjährigen Rotarmisten, denen ich auch immer die Virginias und alles andere aus den Wagentaschen klaute und meiner Mutter brachte ... Plötzlich kamen zwei Männer herein, fein gekleidet, ich dachte, die sind vom Rathaus, und einer kam auf mich, der ich noch immer die durch den Vater versehrte Kluft anhatte, zu, zog mich hoch und sagte: »Dir werden wir beibringen, Bürschl, a rechter Demokrat zu werden.« Ich schaute hoch – und sah in das Gesicht eines der Offiziere, die ich vorher bewundert hatte. Ich weiß noch immer diese unglaubliche Heftigkeit, mit der ich mich losriß, die Holztreppe rauflief, hineinstürzte in dieses Zimmer, in dem wir alle auf Schreibtischen wohnten, und wie ich mich auf meine Mutter stürzte und mehr schrie als weinte. Das war ein Krampf von sicher einer halben Stunde, aber das war auch die Reinigung. Seither traue ich keinem Erwachsenen, da spreche ich noch immer als das Kind, wenn er behauptet, ein absolut geläuterter und genauer Demokrat zu sein. In mir ist noch immer diese Furcht, daß das alles nur eine rasche Metamorphose ist.

Ich wollte Ihnen eben Ihre eigene Geschichte nicht noch einmal erzählen, aber die nun gehörte ist noch etwas genauer als die, die man im Text erfährt.
Eine der weiteren Anekdoten, die vom verwilderten Nachkriegsjungen erzählen, verraten, daß Sie schon in sehr jungen Jahren Traktor gefahren sind. Da Sie aber einer der in unserer Gegenwart sehr seltenen Menschen sind, die nach wie vor keine Fahrerlaubnis besitzen, trotz doch recht umtriebiger Berufe in Zeitung und Verlag, vermute

ich hinter diesem Widerspruch etwas, das zu erzählen wäre.

Es war dieses Traktorfahren eigentlich selbstverständlich, es war keine von mir heiß verlangte Sache ...

Keine Technikfaszination, wie das bei halbwüchsigen Jungs nun mal so ist?

Nein. Meine Mutter war mit einer Dame von einer weiter oben gelegenen Molkerei sehr eng befreundet. Dort gab es jemanden, der die Arbeiten mit einem Traktor samt Anhänger halb legal, wie das damals so war, erledigte. Den Traktor mußte man des öfteren den Berg hinunterfahren, da fuhr ich eine Zeitlang mit. Und dann sagte der eines Tages: »Den Weg kannst du selber fahren.« Er erklärte mir, wie man vorglühen und schalten muß, was ja nicht schwierig war, und wie das mit Gas und Bremse war, was auch nicht schwierig war, das waren ja urtümliche Fahrzeuge, nur das Steuern war schwer. Das hat mich schon mit Stolz erfüllt, aber mich nie dazu angereizt, weiterzumachen ... Ich werde lieber gefahren.

Gab es da nicht noch die Geschichte mit dem Fahrlehrer?

Das kommt noch dazu, das ist richtig. Als junger Journalist, ich fuhr da übrigens immer mit einer Vespa rum, riet mir mein damaliger Chef, Autofahren zu lernen. Ich ging also in die Fahrschule, und es waren dann nur ein oder zwei Fahrten, die ich machte. Jedenfalls saß der Fahrlehrer neben mir, und ich machte einen, wahrscheinlich gravierenden, Fehler, worauf der Fahrlehrer, der mich sehr an einen Feldwebel erinnerte, der gerade aus seiner Uniform rausgeschlüpft ist, raunzte: »Sie Arschloch!« Darauf stoppte ich und sagte: »Sie sind auch eines.« Und verließ das Auto. Für immer (lacht). Hätte ich mehr Lust gehabt, dann hätte ich das vielleicht ertragen. Aber ich hatte sie nicht. Motorradfahren hatte mir noch Spaß gemacht, aber es gab damals noch ganz viel Kopfsteinpflaster, wie es dies in der DDR ja noch lange gab, und da bin ich im Laufe meines Vespa-Lebens sicher zwanzigmal auf die Schnauze gefallen. Da rutschten die Räder weg ...

Das kenn' ich gut. Obwohl ich Roller nie mochte, ich mußte immer einen Tank spüren.

Ja, ich bin auch lieber mit 'ner alten DKW gefahren oder mit 'ner alten Puch.

Das ist doch aber dennoch eigenartig: Diese Faszination, die das Heroische, das Männliche bei Ihnen auslöste, ist doch eigentlich mit der Technikbeherrschung eng verknüpft. Ist dies überhaupt nicht so empfunden worden?

Sie fragen mich das, und vielleicht komm' ich erst jetzt drauf, warum mich das nicht mehr beschäftigte. Nicht nur der Frauen wegen, in deren Obhut ich mich dann befand, sondern der Männer wegen, mit denen ich umging. Fritz Ruoff war ein absoluter Nichtautofahrer, Erich Rall ebenso – die beiden Männer, die mir in der Zeit am wichtigsten waren, waren Fußgänger. Es gab da kein anfeuerndes Vorbild.

Auf Fritz Ruoff und Erich Rall kamen wir schon als »Ersatzväter« zu sprechen; gab es noch andere Personen, denen Sie eine solche Rolle zuerkennen würden?

Wohl nur noch dem Alexander Besser, unserem Nachbarn. Dann war das vorbei.

War das der Nachbar, nach dem Felix Guttmann *entstand?*

Ja, er war das Vorbild für den *Felix Guttmann*, obwohl er nur wenig erzählt hatte, doch bekam ich nach seinem Tod das Tagebuch – aber natürlich ist viel fiktiv.

Da bekommen meine Überlegungen zu diesem Buch ja noch einmal einen ganz anderen Hintergrund …

Ja, allerdings.

Mit dem Tod der Mutter war die Kindheit zu Ende. Sie waren da noch nicht einmal dreizehn. Es gab vorher eine furchtbare Geschichte; die Mutter wurde im Beisein der Tochter von einem russischen Soldaten vergewaltigt. Lore Härtling müßte da neun oder zehn Jahre alt gewesen sein.

Neun.

Während man sich vom Rest der »ganzen Familie« als Härtling-Leser so nach und nach ein Bild machen kann, taucht die Schwester in den Texten kaum auf. Und wenn, dann nur als etwas, das irgendwo hinhuscht, sich hinhockt, kaum ein paar Worte sagt, ein Objekt, eine Traumfigur.
War sie für Sie noch zu klein, um einen Gegenpol zu bilden, als etwas Drittes gegen die familiäre und die Straßenwelt?

Meine Schwester taucht in der *Nachgetragenen Liebe* sehr konturiert und für mich auch ganz körperlich auf. Einmal als das Mädchen, das ich immer auf dem Dreirad mitnehmen muß, einmal als das Mädchen, das bevorzugt wird von meinem Vater ...

Diese Krankenhausgeschichte ...

Ja, diese Krankenhausgeschichte ... Sie war immer, und zweieinhalb Jahre sind in dem Alter extrem viel, die kleine Schwester, mit der ich entweder zu spielen hatte, und das war eine Aufforderung der Eltern, also eine Pflicht, oder die irgendwo am Rande da war. Und das blieb sie auch bis '45, '46. Dann wird sie für mich sehr deutlich, und von da an schon' ich sie auch. Sehr.

Ihre eigenen Erinnerungen reichen sehr weit zurück in die Kindheit. Weshalb wurde die Schwester nicht ebenfalls als Erinnerungszeugin aufgerufen und befragt, wie die anderen aus dem Umkreis der Familie, in Zwettl *z.B.?*

Auch weil ich sie schonen wollte.

Wie reagiert eigentlich Ihre Familie darauf, ständig literarisiert zu werden?

Es sind ja nicht mehr viele, es ist ja jetzt wirklich nur noch meine Schwester da. Meine Tanten fanden das amüsant, waren keine große Leser, aber *Zwettl* und *Nachgetragene Liebe* haben sie gelesen, bestritten dann manches, korrigierten, wie in *Zwettl*, viel. Meine Schwester hat über die Jahre geschwiegen, und dann habe ich sie mit der *Herzwand* sehr verletzt, mit der Beschreibung des Todes meiner Mutter. Ich weiß bis heute nicht, wieso. Aber ich respektiere einfach auch diese tiefe traumatische Verletzung, die sie erfahren hat, auch daß dann erst einmal eine Zone des Schweigens zwischen uns entstand, die inzwischen wieder aufgebrochen ist. Ich habe sie sehr gern, und das ist mehr oder weniger behoben – wie weit, weiß ich nicht. Aber ich habe immer versucht, sie rauszuhalten.

Deshalb aber eben auch dieser Eindruck, den man als Leser hat, dieses Weghuschen ...

Das hat aber eben den Grund, daß ich bei ihr nie sicher war, wo ich sie verletzen könnte.

Als Sie dann in Nürtingen ankamen, gingen Sie erst nach einem Dreivierteljahr wieder zum Gymnasium. Wie kam es zu dieser langen Pause?

Erst einmal ging ich in Zwettl längere Zeit nicht in die Schule. Dann warteten wir in Wien länger auf den Transport, da ging ich wieder nicht in die Schule, danach kamen wir nicht gleich nach Nürtingen, sondern waren zunächst bei einem Bauern untergebracht. An die Schule dachte meine Mutter noch gar nicht. Dann kamen wir nach Raidwangen, dort gab es aber nur eine Grundschule, und erst, als wir dann wieder nach Nürtingen zurückkamen, ging ich in die Schule. Es waren einfach Versäumnisse.

Ich war etwas verwundert, daß Ihnen da die »Weiberwirtschaft« nicht auf die Finger klopfte. Wenn ich an das Bild von der Großmutter denke, die selbst im Luftschutzkeller »Ordnungsecken« schuf ...

Das waren einfach die Unruhen ... Wir lebten zu dieser Zeit nicht mit Tante und Großmutter, sondern allein mit unserer Mutter. Für mich war es jedenfalls angenehm. Die Großmutter war gottlob nicht dabei (lacht) ... die war ungemein streng.

Jamin und Yamin

Wie und weshalb Sie den Rausschmiß an der Schule forcierten, haben Sie beschrieben. Das Ergebnis lautete: Kein Abitur, keine Berufsausbildung. Durch die Bekanntschaft mit Ruoff kamen Sie – mit siebzehn Jahren – an die Bernsteinschule, eine Kunstnische, die der Romanwelt Hermann Hesses entsprungen scheint. Vor allem aber war dies wohl ein Ort, an dem man Sie in Ruhe ließ.
Wie finanzierte sich dieses Refugium, wie finanzierten Sie sich dieses Refugium – war der Aufenthalt mit einer Art Stipendium verbunden?

Nein, überhaupt nicht. Ich war auch gar nicht so lang da, das waren knapp zwei Monate. Wie hab' ich das überhaupt finanziert? Ich habe eine sogenannte Waisenrente bekommen, die haben aber meine Tanten eingezogen, ich bekam ein Taschengeld. Dann habe ich, noch während der Schule, für die *Nürtinger Zeitung* über Veranstaltungen im Volksbildungswerk und Konzerte geschrieben und so Geld verdient. Auf der Bernsteinschule habe ich zuerst einmal gar kein Geld gebraucht, zu essen gab es. Grieshaber war da schon nicht mehr da, die beiden wesentlichen Figuren waren Ludwig Greve und Max Fürst. Einer Tischler, später Schriftsteller – *Gefilte Fisch*, ein wunderbares Buch –, beide Juden, und Max Fürst wollte, daß ich nach Genf gehe und dort die Matura nachhole. Das war unglaublich lieb – nach meinem Sinne war es nicht, das war für mich erledigt. Nicht zuletzt deshalb bin ich von der Bernsteinschule wieder runter ins Tal, weil dieser Druck, wieder auf die Schule zu müssen, mir äußerst unangenehm war.

Sie konnten dann bei einer Zeitung anfangen; der Einstieg des Neunzehnjährigen wird so nebenher geschildert, daß dies im Angesicht der heutigen Arbeitsmarktlage geradezu traumhaft scheint. Können Sie noch einmal kurz rekapitulieren, wie dieser Anfang vonstatten ging? Und: Wann und wodurch war es Ihnen klar, daß Sie etwas mit der schreibenden Zunft zu tun haben wollen? Wie alt waren Sie, als der erste Text in der Zeitung erschien?

Sechzehn. Zuerst war ich in einer Korkfabrik und habe Botendienste gemacht. Eines Tages bin ich dann zum Bruno Nies gegangen, dem damaligen Chefredakteur der Nürtinger Zeitung, vielleicht hatte ich auch durch die ständige Wehklag' meiner Oma Mut gefaßt, doch war dies einer der Glücksfälle, von denen ich auch ein bißchen lebte und leben mußte. Sonst wär' es ganz schiefgegangen. Ich habe gefragt, ob ich volontieren dürfte – und blieb gleich da. So habe ich angefangen.

Diese Episode haben Sie ja auch schon literarisch beschrieben. Aber wann ist es Ihnen klargeworden, daß Sie Ihr Geld mit dem Schreiben verdienen wollten?

Angefangen hat es nicht mit dem Schreiben, sondern mit dem Lesen. Angefangen hat es mit meiner Mutter, die eine wahnsinnige Leserin war. Ich habe sie eigentlich nur strikkend oder lesend in Erinnerung – oder schwimmend, sie war eine große Wasserratte. Gelesen hat sie immer. Sie hat etwas getan, was ich Kindern immer wünsche, selbst wenn viele Bücher zu Hause sind, was bei uns der Fall war: sie hat mich mit neun, acht Jahren in die Bibliothek mitgenommen. Das habe ich sehr genossen, das hat mich auch befeuert. Ich habe ziemlich früh nicht nur Kinder- und Jugendbücher gelesen, ich habe *Trotzkopf* und *Heidi* gelesen, aber auch *Kampf um Rom*, sogar den *Taugenichts* – und nichts verstanden, aber ich fand das unglaublich schön. Wenig später las ich in Nürtingen wiederum die Bibliotheken leer, vielleicht ist es auch ein wenig Erich Ralls Einfluß gewesen ...

Sie hatten ja das Glück, schon sehr früh mit wichtiger Dichtung bekannt zu werden, Ihr Deutschlehrer vermittelte Dreizehn- bis Fünfzehnjährigen Texte von Trakl, Heym und Kafka. Ein solches Unterfangen ist, abgesehen von den methodischen Problemen, sicher ein zwiespältiges – einerseits zeugt es von einem ungeheuren Anspruch, andererseits ist man in diesem Alter doch kaum in der Lage, solche Texte zu rezipieren. Wie empfanden Sie damals diese Texte, wie nahmen Ihre Mitschüler sie auf, wie ist Ihre heutige Sicht?

Ich erinnere mich noch gut an einige Gedichte, ich erinnere mich beispielsweise an Georg Heyms »Aufgestanden ist er, welcher lange schlief, ...« – *Der Krieg*, das hab' ich seit Jahren im Kopf. Dies hat der Erich Rall ja nicht konsequent betrieben, sondern er hat neben der Lektüre, die wir sowieso zu absolvieren hatten, auch seine Neigungen gezeigt. Wir waren Kriegskinder und hatten nicht gerade die besten Erfahrungen hinter uns, wir lasen auch deswegen mehr, wir lasen uns auch vor, und das waren solche Gedichte wie über den Krieg oder das *Grodek [Georg Trakl – J.K.]* ... Ich weiß noch, dieses Gedicht hat sich uns allen nicht ganz erschlossen, und auch dem Erich Rall gelang es nicht, uns das ganz zu erklären. Aber diese gestraften Enkel, das waren wir. Es gab immer wieder Schlüssel – mit einem Mal fiel ein Licht auf einen Vers, und das genügte. Mehr war das nicht; später dann hat er auch ganze Gedichte durchgenommen, aber zu dieser Zeit hat er sie uns vorgelesen und hat uns ein Stück Fremde und ein Stück Zauber in die Stunde gebracht, und das war gut. Ich fing dann bald an zu schreiben. Die Gedichte, die in *poeme und songs* stehen, habe ich als Sechzehn-, Siebzehnjähriger geschrieben.

In der Lyrik sind literarische Leitbilder schwerer zu überwinden; Zeilen wie »der Magier vergißt den alten Gruß / und in den Fensterkreuzen lächeln Spinnen ...« aus Yamins Stationen *klingen beispielsweise noch sehr nach Georg Trakl.*
Welche Erfahrungen haben Sie damit gemacht, drohen solche Kunsterfahrungen gegenüber der eigenen dichterischen Stimme übermächtig zu werden?

Ich bin ein – vielleicht mehr als andere Literaten – geradezu verhexter Leser. Wenn ich mal lese, bohr' ich mich hinein, lese auch intensiver. Ich weiß dies genau, und ich weiß auch, was an Mustern hin und wieder durchschlägt ... Das Merkwürdige ist etwas ganz anderes – auch hier, in den frühen Gedichten, ist für mich von vornherein etwas da, was eben nicht nur Fremdstoffe, Muster aufnimmt, weil's Halt sucht, sondern, wie von einem Mondsüchtigen gesprochen, ganz selbständig ist. Die ersten Gedichte – der Don Quichotte *[QUICHOTTE schlafbruder songmacher trümmerclown – J.K.]*, da wüßt' ich nicht, woher das kommt. Da spricht sich einfach eine etwas dünnbrüstige, aber auch zornige Existenz, Bubenexistenz, aus, da braucht's keinen Rückhalt. Beim *Yamin* war das von vornherein anders, und das geht dann bis zu *Spielgeist Spiegelgeist*: Mehr und mehr rieb ich mich an Materialien. Selbstverständlich war Trakl ganz wesentlich und wichtig, aber auch Rilke. Im übrigen auch, ohne den ideologischen Hintergrund, Stefan George. Und dann gab es einen, der mich beinah besoffen machte und von dem ich überhaupt nix übernahm, das ist Gottfried Benn. Der hat mich aber sozusagen als Tonmeister nicht erreicht, im Gegensatz zu Peter Rühmkorf beispielsweise. Auch Bert Brecht, der Lyriker Brecht, der einer der ganz großen dieses Jahrhunderts ist, hat mich nicht beschäftigt, während er ja beispielsweise unter den jungen DDR-Lyrikern Ungezählte geprägt hat ... Danach kam ein zweiter Bilder- und Leseschub, das waren die Spieler, vor allem Hans Arp und Schwitters, mit ihnen habe ich gespielt. Ein paar Gedichte in *Spielgeist* sind einfach auch Antworten auf diese eminente Kunst, die ja die Sinnlosigkeit wieder mit Sinn versieht. Das klingt noch immer ein bißchen nach, manchmal habe ich noch immer Lust, diesen Kreisel zu drehen. Heute kann mir kein fremdes Gedicht mehr reinreden; ich kann's aufgreifen ... Es gibt einige Verszeilen, die für mich beinah stärker sind als eigene, ich denke an ein paar Max-Herrmann-Neiße-Gedichte, die weiß ich fast auswendig, und wenn ich eins auswendig kann, dann muß das nach meinem Verständnis unglaublich gut sein. Dann habe ich mit Hilfe eines Lehrers, Dr. Brendle, der das Volksbildungswerk leitete, die Gelegenheit bekommen – als Fünfzehn- Sechzehnjähriger –, Vorträge über Literatur zu halten, über Wolfgang Borchert beispielsweise, Fritz Ruoff machte dazu die Einladungszettel, einen Holzschnitt ... Vielleicht tat ich dies auch, um mich gegenüber den Lehrern, die mich nicht mochten, zu profilieren, wie es heute so schön heißt. Die Vorträge habe ich frei gehalten, immer ohne Skript ... ich war besessen. Von da an war mir klar, daß eigentlich gar nichts anderes sein kann.

Gab es in den sehr unruhigen Fluchtzeiten auch Momente, in denen Sie nichts gelesen haben? Oder war es gerade im Gegenteil ein Gegenwelten-Suchen?

Ich habe immer eher mehr gelesen. Und es gab immer wieder Menschen, denen ich da viel verdanke. Es gab da die Buchhandlung der Margot Hauber, die zugleich auch eine kleine private Leihbibliothek war, hier sah ich immer die neuesten Sachen. Ich habe noch immer einiges in meiner Bibliothek stehen, das aus der Zeit ist. Die nahm ich mit und bezahlte sie in Raten – damals waren die Bücher ja noch nicht so teuer, ich konnte also stets zwanzig oder fünfzig Pfennig abzahlen. Ich habe so gut wie immer gelesen – oder geschrieben. Es kam hinzu, daß meine Frau in derselben Klasse wie ich war und daß wir uns sehr früh kannten – und auch mochten, sie war immer die, die ich mit frischen Lesefrüchten plagte, ihr alles an den Kopf donnerte, was mich gepackt hatte.

Das ist natürlich eine schon sehr frühe Bindung.

Ja. Wir kennen uns, da war sie zwölf und ich vierzehn.

Die Vorträge sind das eine ... Waren die aufgeschriebenen Texte aber wirklich nur Gedichte?

Natürlich gab es auch die Rezensionen über Veranstaltungen, Kritiken ...

Das ist klar, ich meine aber eher nach dem Erzähler ...

Ich habe auch Erzählungen geschrieben, die habe ich allerdings weggeschmissen, nachdem Fritz Ruoff mir erklärte, daß die absoluter Schund seien. Die Gedichte hat er gemocht, deswegen blieben sie auch erhalten. Wenn mir gesagt wurde: Das ist nix, dann habe ich es auch sofort weggeschmissen.

Und das war stets Ruoff?

Der Fritz Ruoff war die absolute kritische Instanz. Auch etwas der Erich Rall, der aber eher aus zwei Distanzen: einmal aus der Distanz als Lehrer und dann aus der des Literaturkenners. Fritz war Freund, und in der Literatur kannte er sich nicht so aus, das hat er auch immer wieder gesagt. Er las viel, und sein Satz war: Kunst muß stimmen. Da war es egal, ob es Musik oder ein Bild betraf, er sagte immer: »Kunst mueß stimmen, und des stimmt net.« Das war schon gut.

Haben Sie die Texte nur vorgelegt oder auch vorgelesen? Das Mündliche ist ja gerade bei Ihren Texten immer noch etwas anderes ...

Ich hab' die Texte nie vorgelesen, nur meiner Frau manchmal.

Sie führten bald eine Doppelexistenz: Aus dem beruflichen Benjamin wurde das Kürzel Jamin; Sie setzten den Yamin dagegen und zeigten dieses andere im Wort, in der unterschiedlichen Schreibweise und Betonung. Im ersten Gedicht-Band poeme und songs *gibt es Yamin noch nicht, da werden andere Geister beschworen: Quichotte und Chagall, der Narr und der Zauberer. Wann taucht Yamin zum ersten Mal auf?*

Da müßte ich im Briefwechsel mit Heißenbüttel nachschauen ... Ende '53. Die ersten Yamin-Gedichte sind im Herbst 1953 entstanden. Ich kann das deswegen so genau datieren, weil ich im Oktober '53 zu Helmut Heißenbüttel nach Hamburg reiste und zweierlei mitnahm. Zum einen die Fahnen des Bändchens *poeme und songs*, dessen Produktion, vielleicht weil es nur sechzehn Seiten waren, sich unendlich hinschleppte ... Und die ersten Yamin-Gedichte, von denen ein nicht unbeträchtlicher Teil des Briefwechsels der folgenden Monate geprägt wurde. Als ich die Yamin-Gedichte schrieb, war ich der Volontär »Benjamin«, und dieser Ruf-, dieser Scherzname schenkte mir auch den Namen Yamin.

Yamin taucht auch wieder weg, verschwindet wieder.

Yamin taucht auch wieder weg. Ich habe bis Ende '54 Yamin-Gedichte geschrieben, später sind noch einige getröpfelt, aber das war im Grunde schon nicht mehr im Zyklus drin. Das ist eine zyklische Figur, die ich nur im Schwung durchhalten konnte.

Sie haben sie sicher auch für diese Phase gebraucht, auch als Maske; erst die Herzwand *erinnert wieder an ihn. Was hatte sich geändert, daß er nicht mehr benötigt wurde?*

Ja, das war eine Maske. Ich vermute, es war nicht zuletzt der Druck dieser beiden sehr schwierigen Ausbildungsjahre bei der Nürtinger Zeitung. Ich hatte ja das Glück, daß der Chefredakteur schnell zusagte, ich hatte auch Glück mit hilfsbereiten Kollegen. Die Arbeitsbedingungen waren aber im Vergleich zu heute unerhört hart. Eine mittags erscheinende Zeitung: die Arbeit begann morgens, um sechs, halb sieben, wobei wir die Rubriken alle selber setzten. Das hab' ich auch gern gelernt, ich bin gegautscht worden, ich bin also auch ein Setzer. Mittags eine Pause und abends immer eine Veranstaltung, so daß ich erst nach Mitternacht nach Hause kam und um fünf wieder rausmußte. Und das fast zwei Jahre, das ging schon an die Substanz. Andererseits empfand ich auch eine Art Höhenrausch, es ging alles gut, es klappte alles, der erste Band war erschienen. In diesem Umfeld entstanden die Yamin-Gedichte: in der Redaktion, während der Veranstaltungen, zu Hause. Sie wurden auch mitgelesen – von Ruoff, von Heißenbüttel, von meiner Frau. Es gab da also schon kompetente Mitleser, und ich wußte, nachdem der Lektor von Bechtle, Kurt Leonhard, ebenfalls einer der Mitleser war, daß dies ein Band würde. Das war alles sicher. So wurden diese knallharten Arbeitsbedingungen auch wieder durch Hoffnungen aufgehoben, die mir gemacht wurden.

Der Zeitungs- und Zeitschriftenberuf sicherte erst einmal die Existenz. Doch schon 1956 – las ich erstaunt – versuchten Sie zum ersten Mal, als freier Schriftsteller zu leben, zu einem Zeitpunkt also, als gerade zwei Gedichtbände vorlagen, der erste Roman erschien erst drei Jahre später. Wie kam es zu diesem Versuch, was ging schief?

Da ging gar nichts schief, sondern es ging erst mal relativ gut. Während meiner zwei Journalistenjahre in Heidenheim war ich sehr schnell als Redakteur und dann auch als Chef des Feuilletons tätig – so früh, daß ich nicht ins

Impressum mit aufgenommen werden konnte, denn das ging erst mit einundzwanzig Jahren ... Dies alles tat mir gut, ich fand das überaus belebend, ich habe da journalistisch enorm viel gelernt. Das war eine Vollredaktion und eine Crew von Journalisten der unterschiedlichsten Art, auch von der Parteieinfärbung her weit auseinander. Später machten sie dann große, beträchtliche Karrieren: Das waren mein Freund Erwin Roth, der machte das Lokale und wurde später Kulturattaché und Generalkonsul, der andere Lokalchef war später Vorsitzender der Bundespressekonferenz, Mitjungredakteur Hans Klein war später politisch so weit weg von mir, daß ich nur noch mit 'm Fernrohr gucken konnte, aber er war Pressesprecher der Olympiade, stellvertretender Präsident des Bundestages usw. – Das waren begabte, qualifizierte Journalisten, mit denen es sich prima arbeiten ließ und von denen ich auch noch 'ne Menge lernen konnte. Ein anderer Kollege, Ulrich Renz, wurde eine Zeit Chef der großen Presseagentur UPI, ein besessener Leser wie ich. Er kannte sich damals in der amerikanischen Literatur noch bei weitem besser aus als ich, er war einer von denen, der mich auf Dos Passos und Faulkner hinwies ... Was mich mehr und mehr bedrückte, war etwas ganz anderes: die Enge dieser Stadt, auch die Verpflichtungen, die man in einer solchen Enge eingeht, und die Pflichten, die auf einem lasten, und die Enge der anderen Stadt, in die ich regelmäßig an den Wochenenden heimfuhr, weil ich dort meine Allerliebste und meine spätere Frau hatte – das war eine Reise von einer Enge in die andere. Und während dieser Zeit begann ich, da- und dorthin Glossen, Manuskripte, Aufsätze usw. zu verschicken ... an die *Stuttgarter Zeitung*, an den *Standpunkt*, an *Die Tat* in Zürich, an die *Deutsche Zeitung* – und die druckten das auch. Dann kam noch der Rundfunk dazu, dem hatte ich ebenfalls was geschickt, ich durfte auch einmal Gedichte aufsagen ... Einmal hatte ich eine Monatseinnahme von rund zweihundert Mark, da dachte ich mir: Als Volontär hatte ich hundertfünfzig, in Heidenheim als Chef des Feuilletons vierhundertfünfzig Mark – also, das schaffst du auch alleine. So setzte ich mich erst einmal wieder in dem engen und bedrückenden, aber durch Fritz Ruoff und Mechthild auch wieder anziehenden Nürtingen hin und korrespondierte. Dies tat ich ungefähr ein Vierteljahr, dann kam ein Brief aus Stuttgart, von einem der leitenden Redakteure der *Deutschen Zeitung*, mit der Frage, ob ich, wenn ich ihm schon hin und wieder solche Glossen schickte, nicht Lust hätte, mich mal vorzustellen. Stuttgart war nicht weit, und ich hoffte, mich als freier Mitarbeiter da richtig einhaken zu können – dann bot mir der Helmut Cron an, ob ich nicht Redakteur werden wolle. Man gewährte mir zwei Tage Bedenkzeit. Der einzige, mit dem ich darüber sprach, war Fritz Ruoff, und er, der ja sein ganzes Leben lang als Freier gearbeitet hat, riet mir, es zu machen, ich könne ja wieder weg, ich sei noch jung. Diese Lust zum Herausspringen hatte ich immer, sie war aber nicht machbar. Heute bin ich mir sicher, daß ich sowieso irgendwo wieder untergekrochen wäre – ob bei der *Stuttgarter Zeitung* oder sonstwo. Die Honorare waren so schmählich, daß man im Grunde nur als Rundfunkjournalist halbwegs hätte leben können.

In der Herzwand *gibt es Stellen, wo Fragen nach den älteren Kollegen aufgeworfen werden, die auch schon im Dritten und sicher auch für das Dritte Reich geschrieben haben. Dies war das eine, das andere ist, daß man in Ihren Texten an Stellen, die das journalistische Tagesgeschäft betreffen, den Widerwillen merkt, aber auch die*

Unsicherheit gegenüber diesen Vertretern der Zunft. Waren auch diese äußeren Bedingungen, neben der Schreiblust, der Grund, weggehen zu wollen?

Es gibt einen Roman von mir, der durch diese Erfahrung ganz stark geprägt ist, das ist *Hubert*. Der extreme, unüberbrückbare Bruch zwischen den damaligen Generationen ist kaum mehr vermittelbar. Ein Zwanzigjähriger, der damals in eine Redaktion kam, war von Leuten umgeben, die entweder tatsächlich integer – oder verwickelt waren. Von den einen wußte man es bald, deren Heldenlied wurde ohnehin gesungen. Bei den anderen kam die gewaltige Fähigkeit der Kollektivverdrängung hinzu. Es war bei den meisten nicht mal ganz sicher, welcher Art diese Verstrickungen waren. Mein Vorgesetzter bei der *Deutschen Zeitung* z. B. war Georg Böse, ein ganz lieber, knurriger, für mich damals alter Mann, so zwischen fünfzig und sechzig. Der hat während der Nazizeit den *Adler* redigiert, die Zeitschrift der Luftwaffe. Ein anderer, das war bei der *Nürtinger Zeitung*, war SS-Offizier gewesen. So gab es unglaublich viele Existenzen. Das geht hin bis zu Giselher Wirsing, der beim SD war ... Jeder schleppte seine Vergangenheit mit sich herum und hatte sie zugleich vergessen. Oder beschönigt. Genau diese Mehrzüngigkeit, mit der du dauernd zu tun hattest als junger Mann, hat dich auch geschafft, und du hast diese Verlogenheit manchmal richtig gehaßt, diese Eilfertigkeit, überdemokratisch zu sein, Anverwandlungen ins Christdemokratische, Sozialdemokratische, völlig wurscht. Im Grunde wußte man »nur« bei einigen, daß sie sich da die Hände nicht schmutzig gemacht hatten, das waren die paar Kommunisten, die ich kannte, die entweder im KZ waren oder nichts tun durften wie Fritz Ruoff, oder sie waren in der Strafkompanie wie der Bildhauer Eugen Maier, oder sie schlugen sich irgendwie durch wie der Grieshaber ... Die zerfleischten sich dann allerdings nach '45 gegenseitig. Da drin steckte man als Zwanzigjähriger und wollte eigentlich nichts anderes als durchstarten. Es gab ja damals wirklich alle Möglichkeiten durchzustarten. Aber immer waren diese Schatten da, dieses Gewirk von alten Schatten. Das hat einen schon geschlaucht.

Und wie sind Sie damit klargekommen? Einerseits sind das ja Leute, mit denen man arbeiten mußte, die einem auch etwas zu sagen, anzuweisen hatten, andererseits kann ich mir gut vorstellen, daß die Wut da auch einmal überkochen kann. Kam es zu Auseinandersetzungen?

Öfter. In Nürtingen relativ oft. In Stuttgart dann ausgiebiger, ausführlicher. Das waren dann schon Grundsatzdebatten. Um nur ein Beispiel zu nennen: In der Deutschen Zeitung gab es einen glänzenden Journalisten, mit dem saßen wir Abende lang in der Redaktion, spielten Schach und fetzten uns ideologisch. Ein ziemlich rechter, doch blitzgescheiter Mann, den wir Jüngeren den »Bamberger Reiter« nannten. Er war einer von den sehr Konservativen, die mit den Nazis nicht so zurechtkamen, wo aber eben auch klar wurde, daß seine Haltung, die durchaus auch eine Kontrahaltung war, bewirkt hatte, daß diese mörderische Ideologie tatsächlich funktionieren konnte. Das konnte er nicht abstreiten, stritt er aber ab, und in diese Diskussion haben sich häufig andere Kollegen, ältere, eingemischt, das hat also weitergewirkt. Das waren wirkliche Auseinandersetzungen, Streite, die oft bis auf die Knochen gingen.

Wie war denn nach solchen Auseinandersetzungen der Umgang miteinander?

Ich habe oft mit meiner Frau darüber gesprochen: auf merkwürdige Weise besser als vorher. Deswegen ging das in den ersten drei, vier Jahren, in denen ich journalistisch arbeitete, auch ganz gut. Als die *Deutsche Zeitung* dann Tageszeitung wurde und wir nach Köln zogen, hat sich die Redaktion außerordentlich verjüngt: im Feuilleton absolut brillant besetzt mit Heinrich Vormweg, Hans Bender, Wolfgang Werth, mir, in der Politik mit Leuten wie Johannes Groß usw. Da gab es nicht mehr die großen Reibungsflächen, die vorher existierten. Bis auf Hans Bender, der Leutnant, aber nie ein Nazi gewesen war, waren wir im Grunde alle Nachkriegserwachsene und Kriegskinder. Wir hatten zwar die Kindererfahrung des Krieges, sind aber nach dem Krieg erwachsen geworden und haben uns mit den Erwachsenen des Krieges und ihrer Verlogenheit rumschlagen müssen. Geschrieben habe ich über die schnellen Verwandler immer, auch als junger Journalist, da habe ich meine Verachtung nie zurückgehalten.

In der Herzwand *wird einer von jenen näher beschrieben: Kurrie. Eine im Grunde schauerliche Figur, dennoch wird man das Gefühl nicht los, daß sich seiner Person durchaus mit Sympathie erinnert wird ...*

Ja ...

Es gab ja schon einmal so eine Figur, Hubert, *doch kam der mit seinem Lavieren entschieden schlechter zurecht, seine Masken saßen nicht fest genug, so daß er sich immer wieder verhedderte. Ihre Zuneigung zu diesen Figuren mutet schon etwas paradox an, denn andererseits legen Sie immer wieder Wert auf renitente, dissidentische Tugenden.*

Es gibt auch einen Typ des Opportunisten, der nicht nur durch Feigheit und List zum Opportunisten wird, sondern durch eine Massierung von persönlichem Pech oder Unglück. Einer, der gewissermaßen die Rolle nicht wissentlich annimmt, sondern in diese Rolle stolpert, gestoßen wird, gedrückt wird. Solche Leute kannte ich auch, und der Kurrie war davon eine Mischung, eine von List und von Leid. Das sind solche Strampler, solche, die sich mit Erfolg, aber auch größter Anstrengung und ständigem Selbstbetrug an der Wasseroberfläche halten. Und mit denen hab' ich auch Mitleid.

Nun ist Mitleid etwas anderes als Sympathie.

Ich glaube nicht, daß ich Sympathie empfinde für den Kurrie. Das nicht, aber Mitleid ja. Aber das Mitleid kann Sätze in Zuneigung umfärben.

Viele Ihrer Figuren sind Flüchter, Lavierer, die wollen nicht auffallen, erhoffen sich eigentlich nichts weiter als ein »Leben und leben lassen«. Wenn sie es können, wenn man sie läßt, ziehen sie sich, werden sie behelligt, zurück, Janek etwa oder Felix Guttmann – oder werden »Wanderer«.
Dabei spielt die Zeit immer wieder eine motivische Rolle: Janek möchte verschwinden, sich damit retten vor der Zeit, Niembsch *heißt im zweiten Titelteil* oder der Stillstand, *Hubert wünscht sich diesen, als er seiner Frau im Nebenzimmer beim Singen zuhört, für ihn ein Moment garantierten Unbehelligtseins.*

Der Wunsch nach einer stillstehenden Zeit kann verschieden motiviert sein und ist literarisch auch so tradiert: aus dem Verlangen, Genuß festzuhalten, Glück, oder aus der Furcht vor der kommenden, unheilsschwangeren Zeit. Und natürlich erinnert es an Faustens Angebot an Mephisto, das wiederum ein drittes ist: »Verweile doch!du bist so schön!« Hinzu kommt, daß sich Faust, als er ahnt, was er Gretchen antut, verzweifelt als »Unbehausten« charakterisiert. Dennoch ist er für mich kein »Wanderer«, dazu ist er zu sehr Täter.
Und schließlich ist Stillstand zugleich Stagnation und Unsterblichkeit.
Wohin würden Sie Ihre Figuren stellen? Ich vermute ja, an einen ganz anderen Ort.

Das ist ein wirklich weitgespanntes Feld. Ich will so deutlich wie möglich antworten, auch mir. Das heißt, ich muß versuchen, die Grundstruktur meiner Figuren, die Substanz meiner Figuren zu erläutern. Eine Grundhaltung, Grundbewegung, und das ist mir erst aufgefallen, als ich den *Wanderer* schrieb, habe ich all meinen Figuren mitgegeben, ob sie es nun ausdrücken oder einfach haben: das Wissen des Flüchtlings. Dessen, der getrieben oder vertrieben wird. Das sage ich jetzt nicht mit politischen Einfärbungen, sondern als Bewegung. Und auch das Wissen dessen, der, so getrieben oder vertrieben, möglicherweise irgendwo ankommt, aber dieses eben gegeben zufällige Ziel nie ganz als Heimat akzeptiert. Das hat jede Figur. Was, wie Sie sagen, hinzukommt, ist diese Mimikry, diese launische Hast, sich anzupassen, unterzutauchen und irgendwo anders wieder aufzutauchen. Das ist auch die Mimikry des Flüchtlings, der sich oft bedroht fühlt, bei der Figur vom Felix Guttmann ist das ganz deutlich – die

Erzählungen seines Vorbilds, unseres Nachbarn, hatten dies auch. Anders ist es bei Kunstfiguren. Der Niembsch ist für mich eine rein artifizielle Figur und Lenau nur der Vorwand, diese Kunstfigur überhaupt herzustellen. Mit Hilfe dieser Kunstfigur habe ich als sehr junger, neunundzwanzigjähriger Mann versucht, die Flüchtlingsangst positiv in die Hoffnung auf einen Stillstand, in dem alle Bedrohung aufgelöst wird, umzusetzen.

Läßt sich das Spannungsfeld jener Flüchtlingsgrunderfahrungen vielleicht so beschreiben, daß zum einen die Hoffnung, der Wunsch besteht, im Stillstand für den Moment ein Unbehelligtsein einfangen zu können, andererseits aber auch die Furcht, daß, wenn man sich zu lang irgendwo aufhält, Entdeckung droht, man sich preisgibt?

Ja, genau das. Es kommt noch etwas hinzu, was mir jetzt gerade einfällt: es steckt wahrscheinlich auch eine tiefe Kinderangst dahinter, wieder etwas zu verlieren. Nicht Wohnung, Haus oder so etwas: Menschen zu verlieren. Das ist im Stillstand nicht möglich.

Das Schreiben erfolgte ja oft nur nebenher, neben einem doch ausfüllenden Berufsleben als Journalist, Kritiker und Herausgeber, schließlich Cheflektor und Geschäftsführer bei S. Fischer. Wie vertrugen sich Dichtung und Amt?

Das hat mich nicht beschäftigt, das hat mich insofern auch erst einmal kalt gelassen, als ich – im Gegensatz zu anderen – nie Schwierigkeiten hatte, den Brotberuf vom Schreiben wegzuhalten. Es fiel mir auch nie schwer, mit den

Kräften so hauszuhalten, daß das ging: ich habe tags und abends als Journalist gearbeitet und nachts geschrieben. Dies wäre – und das ist nun tatsächlich eine Klage über die Physis des Menschen – für einen Vierzig-, Fünfzigjährigen kaum mehr möglich, da lassen die Kräfte nach. Das verspürte ich dann, ich spürte mehr und mehr, wie das knirschte. Ich erinnere mich noch gut: Als ich bei Fischer kündigte, hatte ich den ersten Teil von *Eine Frau* geschrieben und merkte, daß mir nicht nur die Zeit mehr und mehr fehlte, sondern die Konzentrationskraft nachließ, ich immer längere Anläufe brauchte. Und Anläufe inmitten eines Romans sind zerstörend. Von daher war meine Kündigung eine Art von lebensrettendem Akt. Es hätte auch schiefgehen können, aber das beschäftigte mich ebensowenig wie meine Frau, das muß ich dazu sagen. Das war ja ein Sprung ins eiskalte Wasser, aber meine Frau begriff, daß da etwas unheilbar kaputtgehen könnte. Ich hatte alle Bequemlichkeiten, aber keine Bequemlichkeit hilft, wenn man sich hinsetzt und den ersten Satz schreibt.

Als Hemmnis ist mir das schon klar, aber war es nicht auch ein wichtiger Erfahrungsbereich?

Der Journalismus war kein Erfahrungsbereich fürs Schreiben, mehr und mehr sehe ich da jetzt, daß ich da eigentlich nichts gelernt habe. Je älter ich werde, um so mißtrauischer bin ich jedem einzelnen Wort gegenüber. Jeder Satz wird schwerer und hat mehr Löcher und Lücken. Was ich als Journalist gelernt habe, ist eine professionelle Neugier – im Hinschauen, im Hinhören, und das ist sehr nützlich. Was mir vielleicht auch geholfen hat, da ich im Grunde ein sehr ängstlicher und scheuer Mensch bin, ist, daß ich gezwungen war, auf Menschen zuzugehen. Heute fällt mir das nicht mehr schwer; der, der in mir mitgeht, zappelt zwar manchmal noch und möchte gar nicht mit – das ist noch immer der andere, der Junge, der es lernen muß.

Der erste größere Erfolg in der literarischen Öffentlichkeit war Niembsch oder Der Stillstand*; im Erscheinungsjahr wurde dieses Buch mit dem Literaturpreis des Verbandes der Kritiker gewürdigt, weitere Preise folgten, Hans Werner Richter lud zur Lesung ein. Zuvor hatten Sie der Gruppe 47 und der Öffentlichkeit in einem doch recht bissigen Ton vorgehalten, das Schreiben der Einzelgänger zu ignorieren; drei Jahre später heißt es* Verbeugung vor Richter.
Wie wichtig waren Ihnen Anerkennung und Erfolg?

Das will ich jetzt auch ein bißchen trennen: Die Anerkennung und der Erfolg eines Buches wie des *Niembsch* waren mir unendlich wichtig, das kann ich nicht anders sagen. Ich wußte, als ich das damals schrieb: Du hast hoch gezielt, und Du bist auch hoch angekommen. An diesem Buch habe ich mit der Lektorin nur fünf oder sechs minimale Änderungen vorgenommen. So, wie ich es geschrieben hatte, saß es. Da erwartete ich Bestätigung, da erwartete ich Erfolg. Der Erfolg in der »Öffentlichkeit«, sozusagen die Anerkennung der Person, ist mir zunehmend wurst. Das ist mir nicht so wichtig. Ich laß mich ungern beleidigen, das ist wahr, da wehr' ich mich schon. Aber wie über mich als Person und Mensch geurteilt wird, das überlaß ich anderen – was soll's. Da fühle ich mich auch zu sicher gefügt in dem Lebenskreis, in dem ich mich befinde, der mich hält und in gewisser Hinsicht auch schützt. Die Auftritte und Erfolge bei solchen Institutionen, wie es die Gruppe 47 war, sind heute kaum ganz zu erklären. Ich gehörte zu denen, die erstens eine ganze Zeitlang nicht eingeladen waren und die sich zweitens auch gegen ganz bestimmte rhythmische und rhythmisch geäußerte Bekundungen der Gruppe wandten. Das hat mir nie ganz gefallen, auch später nicht. Als ich dann von Hans Werner Richter eingeladen wurde, das war die Reise nach Schweden, schlug ich diese erste Einladung übrigens aus. Ich habe im *Monat* auch öffentlich erklärt, daß ich es für mißlich halte, wenn Literaten als Botschafter auftreten, vor allem deutsche Literaten. Hans Werner Richter ließ sich dadurch nicht weiter stören, das hat mir gefallen, und lud mich ein weiteres Mal ein. Ich muß gestehen, daß diese Erfahrung, dabeigewesen zu sein, so falsch nicht war. Erstens habe ich ein paar Kolleginnen und Kollegen kennengelernt, die Freunde wurden. Zum anderen war für uns damals diese absolut dominierende, auch ideologisch argumentierende Kritik ein großes Ärgernis. In der ersten Reihe saßen Hans Mayer, Marcel Reich-Ranicki, Walter Jens, Fritz J. Raddatz ... und natürlich waren die nicht einer Meinung, aber die Meinungen zusammengenommen wurden zu einer Meinung. Und die konnte – tödlich sein, wäre übertrieben – aber sie ventilierten, sie setzten zum einen fort und schnitten zum andern ab, das konnten die. Die machten Literaturpolitik.

Die folgenden Bücher wurden ebenfalls durch verschiedene Preise geehrt, erfuhren ein breiteres Echo. Welche Funktion haben Ihrer Meinung nach Literaturpreise? Sie kennen Preisvergaben von allen Seiten, waren selbst Juror in verschiedenen Gremien, sind Preisstifter.

Ich will das ganz ordinär sagen: Preise, vor allem gutdotierte Preise, helfen über die Runden. Es kann hinzukommen, daß ein Preis durch den Patron, durch den Namensgeber, noch eine kleine Botschaft enthält, beispielsweise der Hölderlin-Preis. Daß ich den Hölderlin-Preis bekommen hab', hat mich natürlich gefreut, aber genaugenommen ist es das Geld. Wer sich da herausmogelt, wer da schönredet, der soll's tun, aber der Scheck ist schon das beste.

Mitte Zwanzig waren Sie bereits in mehreren Genres präsent; mit vierzehn Jahren fingen Sie an zu schreiben, Gedichte, die mit sechzehn entstanden, fanden Aufnahme in Ihr erstes Buch poeme und songs. *Es erschienen Essays, bald lag auch der erste Romanversuch vor,* Im Schein des Kometen. *Wie sehen Sie mit Ihren heutigen Erfahrungen diese relativ frühen Publikationsmöglichkeiten?*

Ich halte es nie für falsch, wenn eine oder einer ihre Arbeit so früh wie möglich durch Öffentlichkeit testen. Das kann schiefgehen, das kann sogar für immer verstummen machen, auch dann wäre es nicht falsch. Aber – und dieses Aber ist ganz wichtig – das hat immer mit dem Individuum zu tun; es gibt Autoren, die schon sehr früh sich und das, was kommen wird, thematisieren können. Und ich glaube, daß das bei mir der Fall war, indem ich den Yamin erfand. Das war eine Thematisierung meiner ganzen Existenz, und das hat die Kritik auch begriffen. Es gibt andere Autoren, die Anläufe brauchen, die nicht unbedingt öffentlich werden müssen, aber im nachhinein, wenn es wirklich bedeutende Autoren sind, dann doch veröffentlicht werden. Ich denke da jetzt an die *Ingrid Babendererde* von Uwe Johnson, ein Buch, das ich im übrigen sehr mag und von dem ich nicht ganz verstehe, warum Suhrkamp das nicht drucken wollte. Gut – liest man danach die *Mutmaßungen*, dann ist das schon ein beinah extremer Qualitätssprung, dennoch ist es ein mehr als nur halbwegs gutgeschriebener Roman. Uwe Johnson hat das verschmerzt, und er hat es ja von sich aus nicht veröffentlicht. Also hat er dies dann so ausgelegt, wie ich's für manche auslege: es muß einer anfangen, ohne daß die Öffentlichkeit das kaputtmachen könnte. Wenn jemand früh beginnt, braucht er – darauf lege ich allerdings Wert – Gefährten, sonst kann's ganz übel schiefgehen. Ich hatte lesende, hineinredende, mitdenkende, projizierende Gefährten, die mich freundschaftlich, auch sehr herb korrigierten und kritisierten. Heute wird häufig behauptet, daß es junge Autoren schwerer hätten. Das stimmt insofern, als es die Masse der Buchproduktion und der Erfolgszwang der Verlage nicht mehr zuläßt, viel zu experimentieren, aber es gibt überall Experimentierecken. Und es gibt mittlere und kleinere Verlage, die das ja machen – »Bechtle« war ja kein riesiges Konzernunternehmen, das war ein kleiner Verlag, der allerdings wagemutig, wenn nicht waghalsig war und eben Heißenbüttel und viele andere machte ... Die Anfänge sind heute vielleicht nicht mehr ganz so sichtbar, das ist der Unterschied, da die Ecken entlegener sind als damals. Aber die Möglichkeit, anzufangen, besteht nach wie vor, wobei hinzuzufügen ist, daß ein nicht unwesentlicher Teil, und das sage ich jetzt positiv, der Literaturkritik sich sehr verjüngt hat und andere Lebens- und Leseerfahrungen besitzt, was mich immer neugierig und interessiert macht. Natürlich ist heute der Weg oft härter, verschlungener und erst einmal peripherer.

In den sechziger Jahren bewegten Sie sich in den literarischen Zentren, über zwei Seiten dieses Erfolgsweges ha-

ben wir schon gesprochen, über die literarische und die öffentliche Anerkennung. Es ist aber darüber hinaus auch eine handfeste Karriere.
Inwiefern gab es auch ein Karrierebewußtsein? Änderte sich damit der Blickwinkel auf die Dinge?

Ich überrasche Sie jetzt wahrscheinlich: ich habe nie Karrierebewußtsein gehabt. Das ergab sich. Die beiden großen Sprünge, die ich – nicht machte, sondern die für mich vorbereitet wurden, geschahen völlig ohne mein Zutun. Als ich bei der *Deutschen Zeitung* für das Literaturblatt zuständig war, wurde der Kreis von Leuten, mit denen ich zu tun hatte, natürlich immer größer. Irgendwann bekam ich Besuch von Melvin Lasky, ich hatte für den *Monat* gerade einen Aufsatz über Jakob Haringer geschrieben, und der fragte mich, ob ich Lust hätte, nach Berlin zu kommen, um Redakteur im *Monat* zu sein und später Mitherausgeber. Ich sagte sofort zu, denn ich konnte mich wieder wegbewegen. Wir waren frisch verheiratet, Mechthild wollte promovieren, hatte das Diplom längst hinter sich und hörte noch Vorlesungen an der Universität Bonn. Sie war ebenfalls sehr bereit, nach Berlin zu gehen, der Sprung ging ganz leicht. In Berlin waren wir sechs Jahre. Dort kamen drei unserer Kinder zur Welt, Mechthild kam gar nicht mehr zum Studieren, und ich verdiente – für damalige Verhältnisse – recht ordentlich. Ende '66 fragte mich Klaus Harpprecht, der Chef bei S. Fischer war, ob ich nicht Lust hätte, Cheflektor zu werden. Nun habe ich mich damals schon intensiv mit der deutschen Literatur der zwanziger Jahre und der Emigration befaßt, hatte *Die vergessenen Bücher* geschrieben. Das war also auch eine Sache, die mit dem Namen S. Fischer verbunden war, und ich sah dies als großen

Reiz an, aber auch als große Ehre. Das Haus Thomas Manns ... Da sagte ich auch gleich zu. Wir zogen um nach Walldorf, und ich war ein dreiviertel Jahr Cheflektor. Da schied Klaus Harpprecht aus, und der Konzernherr fragte mich, ob ich die Leitung des Verlages übernehmen wollte. Nun allerdings zögerte ich, das war eine harte Woche, und verband mit der Zusage auch einige Bedingungen. Ich wollte das nicht allein machen, sondern mit einer Crew, deren Sprecher ich bin – und ich wurde es. Dort blieb ich, bis ich vierzig und mir klar wurde, daß ich mich entscheiden mußte: wenn du weiter in diesem Umkreis bleibst, Manager bist, verlierst du mehr und mehr die Zeit und auch die Kraft, zu schreiben, genießt dafür aber große Annehmlichkeiten ... Und ich kündigte zu meinem vierzigsten Geburtstag, allerdings mit dem Vorsatz, frei zu bleiben. Ich hatte nur noch einmal eine Anfechtung, nicht viel später, als ich gebeten wurde, Chef der Büchergilde Gutenberg zu werden, nur haben mich die Verhandlungen mit den Gewerkschaftsleuten damals wahrhaft zurückschrecken lassen ... Aber es war nie eine geplante Karriere, sondern es war, wenn man so wollte, eine gestolperte Karriere.

Wo setzten Sie als Cheflektor Ihre persönlichen Akzente im Verlagsprogramm?

Das ist besonders die Reihe »Das Fischernetz« gewesen, eine Reihe von Büchern vor allem aus den zwanziger Jahren.

Die »Vergessenen Bücher«*?*

Ja, Otto Flake, Eduard von Keyserling und andere mehr *[siehe Bibliographie – J. K.]*.

Und von den Gegenwartsautoren?

Da möchte ich keinen nennen, das wär' eine Bevorzugung, auch gab es dafür ja einen Lektor, den Hans-Jürgen Schmitt.

Politik und Literatur

Diese Zeiten waren ja nun alles andere als »Stillstand«, das Gegenteil davon, auch politisch tat sich einiges. In einem Artikel von Dieter Hildebrandt aus dem Jahre 1965 (FAZ 7.8.65) fand ich folgende Zeilen zu einem mit Ihnen geführten Telefonat: »›Ich bin beileibe kein SPD-Anhänger, aber ich bin auch nicht zufrieden mit unserer gegenwärtigen Politik.‹ Es sei enttäuschend, sagte er, daß man als Konservativer nicht einfach mitmachen könne im Dienste der Konservativen ...« Was war damals, was ist heute Ihr Konservatismusverständnis? Im gleichen Jahr unterstützten Sie die SPD im Wahlkampf. Wie geht das zusammen?

Das geht schon zusammen. Es gibt, in welcher Ideologie auch immer, ganz bestimmte erhaltenswerte, verteidigenswerte Grundsätze, Grundvorstellungen. In diesem Sinne würde ich mich als Konservativen bezeichnen, dessen konservative Basis einmal stärker und einmal weniger bewußt ist, es kommt darauf an, wie sie aktiviert wird. Ich bin immer der Ansicht gewesen, daß Menschen ohne die Vorstellung oder ohne die Idee, für etwas dazusein, nicht existieren können. Daß der Mensch und die Natur in einer Art Schöpfungszusammenhang stehen – und wenn der drauf geht, geht alles drauf. Das sind zwei, wenn man so will, in der Tat konservative Wertvorstellungen.
Es hat sich herausgestellt, daß die so konservativ gar nicht mehr sind. Es wird im übrigen auch in der Politik heute nicht mehr als Widerspruch empfunden. Zugleich ist es immer meine politische Haltung gewesen, nicht daran zu denken, mich zu binden.

Dennoch engagierten Sie sich einst für die SPD. Das ist ja etwas, das schon längst wieder vergessen ist. Mitte der sechziger Jahre fiel es sicher auch leichter, sich festzulegen – beneidenswert leichter. Wie kam man damals eigentlich auf die Idee, ein Wahlkontor Deutscher Schriftsteller zu gründen, von wem ging das aus, wie kamen Sie dazu?

Auf die Idee kam Günter Grass. Günter Grass war gut befreundet mit Leuten wie Horst Ehmke, Willy Brandt, Karl Schiller. Das hat auch eine gewisse intellektuelle Farbe gehabt, die uns anzog: ein Mann wie Karl Schiller zum Beispiel war, was keiner weiß, ein extremer Leser. Ein Wirtschaftsminister, der mit Saul Bellow unterm Arm ins Ministerium ging. Wir, ich sage da jetzt ausdrücklich »wir«, die sich damals in diesem Kreis fanden, waren aber keineswegs gleich in der Wolle gefärbt. Aber alle hatten den Wunsch und die Hoffnung, diese depolitisierte Adenauer-Zeit zu repolitisieren, und das ging gar nicht anders als über die Opposition. Das ging für uns auch über einige Leute, in denen sich alle Hoffnung versammelte, das ging vor allem über Willy Brandt, der damals noch Berliner Bürgermeister war. Mit Hilfe der finanziellen Unterstützung der Gewerkschaften, in deren Büros sich auch das Wahlkontor befand, konstituierte sich das dann eigentlich wie selbstverständlich. Es waren ja keineswegs nur Literaten wie Günter Grass, Klaus Röhler, Klaus Wagenbach, ich, Reinhard Lettau und andere, sondern es waren auch Professoren, Historiker wie Eberhard Jaeckel, Günter Gaus, es waren auch Gudrun Ensslin, Nicolas Born ... Eine ganz bunte Mischung, die schlicht und einfach durch die Aufbruchstimmung zusammengehalten wurde, nein: durch den Wunsch, die erstarrte Politik aufzureißen.

Wie sah die praktische Arbeit da aus? Sie schrieben ja sogar Wahlkampfslogans und Politikerreden. War das eine reine Ghostwriter-Angelegenheit oder war kenntlich, welcher Text von wem stammt?

Das geschah so, daß jeder von uns sich einen der Politiker wählte und für ihn auch tätig war: schrieb, Reden formulierte ... Klaus Wagenbach hatte Helmut Schmidt, Günter Grass natürlich Willy Brandt, ich hatte Fritz Erler. Nach der Wahl, und vor allem nach Bildung der Großen Koalition, krachte das Wahlkontor auseinander. Die ganz Linken waren nicht mehr willens, den Sozialdemokraten weiter zu helfen. Mich stieß auch einiges ab, etwa, mit welcher Tücke und Schläue Herbert Wehner diese Basis schuf durch die Große Koalition. Aber ich blieb dabei, weil für mich Willy Brandt noch immer einer der ganz wenigen politischen Figuren der Bundesrepublik war, auf die ich setzen konnte. Und das erwies sich ja nachher nicht als falsch. Dann kam die Ost- und Entspannungspolitik, und man konnte noch einmal mitmachen. Das habe ich auch in der Bonner Wählerinitiative bis zur Wahl Willy Brandts getan, voller Hoffnung. Nach der Wahl Willy Brandts erschlaffte die ganze Sache sehr. Inzwischen war aber auch viel von dem passiert, was wir uns erhofft hatten.
Für mich gab es dann – viel später – eine politisch individuelle Wende, hier, während der Startbahn-Auseinandersetzungen. Das war für mich das Ende einer langen, wackligen, mäandernden politischen Geschichte: ich hatte mich damals hilfesuchend an Willy Brandt gewandt und dann diesen Brief bekommen, der zwar voller Anstand ist, aber mir heut noch wehtut [*Offener Brief an Willy Brandt*, Frankfurter Rundschau 4. 11. 1980 (auch in: *Wer*

vorausschreibt . . .)]; Willy Brandt antwortete am 1. 12. 1980 und verwies zum einen auf regionale Kompetenzbereiche und auf stets vorhandene »Reibungen« im »Ausbalancieren ökologischer und ökonomischer Notwendigkeiten«, zum anderen auf eine erneute Prüfung aller Fragen durch die Verantwortlichen, ohne sich jedoch konkret festzulegen (in: ». . . und gehe in Worten spazieren«, Briefe an Peter Härtling 1953–1993, zusammengetragen und kommentiert vorn Klaus Siblewski, Luchterhand, Hamburg 1993 – J. K.). Damit endete das. Auch meine Beziehung zur Sozialdemokratie. Die SPD ist in dem Sinn nicht mehr eine Partei, in der es Personen gibt, auf die ich meine Hoffnung setzen kann. Man kann es heute kaum mehr verstehen, mit welcher Inständigkeit man Wünsche an die Gestalt Willy Brandts fesselte, band. Er war wirklich einer, dem man Geschichte auflud, zukünftige Geschichte. Da wüßte ich heute niemanden.

Können Sie sich noch einiger Slogans erinnern, die Sie da so kreiert haben?

Nein, die habe ich alle verdrängt (lacht). Es könnte sein, daß unten im Archiv noch irgendwelche Entwürfe liegen. Ich hatte Glück und Pech in einem – mein politischer Partner, Fritz Erler, war einer von den gescheiten intellektuellen Politikern, keiner von den Hosenträgertypen. Aber: er war damals der militärpolitische Sprecher der Partei. Da war ich (lacht) also absolut an den Falschen geraten. Manche meiner Redevorschläge fand der dann auch entsprechend jenseits von Gut und Böse . . .

Sollten solche Texte mit in eine historisch-kritische Gesamtausgabe?

(lacht schallend) Na, wenn sie gefunden würden, wär' es mir wurscht ... Sie würden ein Stück lächerliche Mühe, in der Politik mitzureden, dokumentieren. Wir hatten uns eingebildet, uns real in die Politik einzumischen, also wirklich aktiv zu werden. Und es war eine Täuschung. Was wir geschafft haben, was nicht zuletzt Günter Grass geschafft hat, war, das politische Klima in einem Wahlkampf zu verändern. Es wurde tatsächlich intellektualisiert, es kam eine Farbe hinzu, die dem Wahlkampf auch gut tat. Ich wünschte, dieser Stumpfsinn von Wahlkampf heute hätte solche Farben.

Für die 68er gehörten Sie schon zum Establishment. Wie kamen Sie mit dieser Rollenzuweisung zurecht?

Daß eine solche Frage kommt, freut mich. Ich kam damit zurecht, indem ich mich einmischte. Ich war '68 Chef des Fischer-Verlages, stand also auf der anderen Seite, hatte aber, als ich Verlagsleiter wurde, als erstes etwas getan, was die Leute im Haus etwas verwirrte: Ich gründete als Chef einen Betriebsrat des Hauses, den gab es vorher nicht. Einen Betriebsrat, der mir dann unglaublich zusetzte. Der stellvertretende Vorsitzende des Betriebsrates war Franz Greno, ein ganz rabiater, fast anarchistischer Vorsitzender, mit dem ich prima auskam und oft hart stritt. Später ist er ja dann Unternehmer, Verleger geworden. Mein Interesse für die 68er drückte sich auch darin aus, für vieles, längst nicht für alles, was sie machten, daß ich dafür mitsorgte, daß die Taschenbuchreihe heftigst politisiert wurde. Im übrigen auch gegen den Konzernherrn, Georg von Holtzbrinck, mit dem es sich aber ganz exzellent streiten ließ; einer, der nicht nachtrug. Nur in einem war ich mit den 68ern nie eins: das waren ihre Vorstellung von Literatur und vom Deutschunterricht. Die Rahmenrichtlinien von 1968/69 finde ich noch heute skandalös. Was mich ebenfalls aufbrachte, da kam ich tatsächlich schon aus einer anderen Generation, das waren die unbeschreiblich inhumanen Manieren. Die konnten so brutal und gemein sein und beklagten sich dann – zu Recht – über die Gemeinheit der Bullen oder Polizisten. Aber sie selber waren gegen ihre Gegner auch nicht gerade menschlich. Ich bin aber heute noch froh darüber, daß es diesen Aufbruch gegeben hat, sonst wären wir noch ärmer an politischer Neugier, an sozialem Zugewinn, der allerdings wieder verlorengeht, an der Fähigkeit, sich mit politischen Ideen auseinanderzusetzen, doch läßt auch das wieder kräftig nach ... Da wurde schon etwas bewirkt. Meine Kinder sind dann ja die nächste Generation, und die haben sehr viele 68er-Lehrer gehabt, doch die haben sie nie gemocht, das waren für sie die Schlaffis. Daran läßt sich auch etwas ablesen, was einen tief melancholisieren kann, daß solche Aufbrüche im Grunde einen Atemzug lang dauern und dann schon Schwächeanfälle auslösen.

Wie im 89er Jahr: Das waren im Grunde gerade drei euphorische Wochen im Oktober ...

Ja, so ist es.

Die sechziger Jahre politisierten auch die Literatur. Im Zusammenhang mit Peter Weiss' Theaterstück Der Lusitanische Popanz *und Erich Frieds politischen Gedichten sprechen Sie von der »Unfähigkeit der Literatur, politische Sachverhalte wiederzugeben, ohne mit der Ästhetik in Widerspruch zu geraten«. Zugleich aber erweitern Sie den Begriff der politischen Dichtung, indem als Ziel*

Erfahrungs- und Verhaltensmodelle fixiert werden. Können Sie das genauer beschreiben?

Das ist der alte, sehr häufig gekittete, mitunter aber auch ausgetragene Widerspruch zwischen Plakat und Poesie, zwischen Traktat und Essay. Das eine bedeutet nichts anderes als ein schlichtes, auch die Sprache bedrückendes Parteiischmachen, das andere bedeutet ein offenes, differenziertes, aber nicht weniger entschiedenes und aggressives Parteiergreifen. Hier ist und bleibt ein ganz großer Unterschied.
Es betrübte mich, manchmal mit Erich Fried so streiten zu müssen. Das schlichte Parteiischsein macht jedes Wort banal, es nimmt dem Wort die Voraussetzung, die Geschichte und den Entwurf, es klebt das Wort als Plakat an der Wand. Hingegen dieses berühmte Gedicht von dem Schuh im Wüstensand, den von einem fliehenden arabischen Soldaten zurückgelassenen Schuh – das eben kein Agitprop-Gedicht ist, sondern, indem es ein Zeichen findet, auch ein Zeichen setzt.
Ich kann noch etwas hinzufügen: Die Agitprop setzt etwas voraus, was ich für abscheulich halte in der Kunst – Einverständnis.

... *und Zeigefinger-Belehrung.*

Ja, natürlich, aber auch immer das Einverständnis. Es wird eigentlich für die gemacht, die ohnehin schon dabei sind, während Kunst gar nicht weiß, was Einverständnis ist; ich glaube, daß das Kunstwerk es nicht wissen will. Das stellt sich her, jeweils anders und jeweils neu. Agitprop ist so gemeint und nicht anders.

In der DDR war das Verhältnis von Politik und Literatur ein besonderes. Sie selbst hatten vielfältige Kontakte zu Ihren Schriftstellerkollegen in diesem Teil Deutschlands, auch zu Dichtern, die Schwierigkeiten mit diesem Staat hatten, das Land verließen. Ich denke da an Reiner Kunze, an Wolfgang Hilbig und Uwe Kolbe. Wie stellten sich solche Beziehungen her, was konnten Sie konkret tun? Was halten Sie von der gegenwärtigen Kontroverse?

Ich will mich dessen nicht rühmen, das war eine kollegiale Pflicht, der ich nachkam, sonst gar nichts – und ich hatte den Vorteil, gelegentlich etwas tun zu können, den andere nicht hatten. Reiner Kunze konnte ich schlicht und einfach helfen als damaliger Leiter des S. Fischer-Verlages. Auch im Umgang mit den Amtsstellen, die sich vor ihm querlegten, ihn unterdrückten und ihn, das muß ich schon sagen, auch zum Schweigen verurteilten.
Da gab es Gespräche, die sozusagen auf den halbunteren Ebenen geführt wurden und die vieles lösten. Und es gab auch die Offensiven der Hilfen, da war ich nur einer neben mehreren, ob's nun Heinrich Böll war oder der westdeutsche PEN und andere, die dann ganz konzentriert dafür sorgten, daß die Öffentlichkeit hier mit geschärften Sinnen auf diese eine Person achtete, so daß ihr nichts mehr zustoßen konnte. Und daß es diesem Regime dann triftiger und angenehmer erschien, den Kerl loszuwerden, und er raus durfte. So sahen diese Mechanismen aus – und Reiner Kunze kam dann ja auch raus. Bei Wolfgang Hilbig war es wiederum ein Trick: Da hatten wir beim Deutschen Literaturfonds die Idee, zum ersten Mal einem DDR-Autoren – den ich schätzte und für den ich auch sprechen konnte – ein bundesdeutsches Jahresstipendium auszuschreiben. Wir haben ganz offiziell einen Brief an den Kul-

turminister Hoffmann und Herrn Höpcke geschrieben, daß wir Wolfgang Hilbig so ausgezeichnet hatten und wir sehr wünschten, daß er eine Ausreise bekäme.
Ich habe dann mehrere Male gebohrt, immer wieder geschrieben, Hilbig bekam nie Nachricht. Daß diese Ausreise, dieses Jahresstipendium dann doch gewährt wurde, war am Ende Stephan Hermlin zu verdanken, der voller Wut meine verzweifelte Geschichte hörte – und wirklich erzürnt war über diesen Scheiß-Staat. Er hat sich wohl unmittelbar mit Honecker in Verbindung gesetzt, da war dieser Kontakt, den er hatte, hilfreich ... Mir können viele sagen, daß dieser alte Stalinist ein alter Stalinist sei, doch möchte ich fragen: Was habt ihr getan? Habt ihr geholfen? Jetzt euer Stündchen Null säuberlich aus der Geschichte zu schneiden, das ist kein Problem.
Es ist auch eine Frage, warum die, die dieses Land verlassen hatten, heute mit jenen rechten, die dort geblieben sind; vielleicht führen sie ein Heimatgespräch im Negativen. Ich meine das im Ernst – wer hat wessen Heimat zu beanspruchen?

Vielleicht ist es auch ein nachgetragener Schmerz ...

Ja, das kann gut sein. Nur über eines diskutier' ich grundsätzlich nicht mit, das sind die »Privilegien«, die die Schriftsteller summarisch genossen hätten. Natürlich haben verschiedene Privilegien genossen, natürlich ging's denen besser als vielen anderen ... Natürlich konnte Christa Wolf reisen oder Stephan Hermlin und Stefan Heym und viele andere. Wie weit das ein Privileg war und wie weit das nicht auch zu großen inneren Spannungen und Verspannungen führte, frag' ich mich allerdings. Ich weiß noch, wie ich nach einem langen, schönen und gesprächsreichen Abend im alten Luchterhand-Verlag mit Irmtraud Morgner zusammensaß und wie sie mit einem Mal vor sich hinsagte: »Es ist verrückt, daß ich hier sitz', es ist unerlaubt, daß ich hier bin.« Solche Sätze gingen, glaube ich, da jedem durch den Kopf, und ich find das viel zu flink, wieder viel zu flink, wenn dies alles vergessen wird, so geht's nicht.

Sie sahen einst in Ihrem Aufsatz Ideologische Gräben im Literaturbetrieb *im »Sozialismus, stößt er die demokratischen Regeln nicht ab, eine Möglichkeit, den Bürger am Ganzen mehr zu beteiligen« und nannten Dubček und Allende als Beispiele. Ein späterer Essay trägt den Titel* Abschied von den Ideologen, *in diesem bekennen Sie: »[...] die Kommunisten haben mir weh getan: sie hatten einen Traum, den mitzuträumen ich gewillt war [...] und sie ruinierten ihre Postulate durch eine schäbige Kleinbürgerpolitik, die in Prozessen, Liquidationen und der Einrichtung neuer Klassen geendet hatte.« Glauben Sie, daß die großen Ideale der kommunistischen Utopie als Entwurf noch ernstgenommen werden können?*

Das ist eine Frage, die ich im Grunde gar nicht beantworten kann. Ich könnte jetzt ganz frech und primitiv, aber aus einer wahrscheinlich stimmigen Banalität heraus antworten: Wäre dem so, daß große Ideen, die durch Machtstreben und Enge, einfach dadurch, daß der Mensch ihnen nicht gewachsen ist, verdorben worden sind, dann dürfte es das Christentum schon lange nicht mehr geben. Im Namen Jesu, der für mich einer der Haltepunkte in meinem Leben ist, ist so viel gemordet worden wie im Namen von Karl Marx noch nicht. Das Eigenwillige ist, daß wir, und das ist wahrscheinlich dieser notwendige Prozeß der

Selbstreinigung, der kindisch und schrecklich ist, aber lebensnotwendig, da tatsächlich immer das Kind mit dem Bade ausschütten. Ich wundere mich beispielsweise, daß in der ehemaligen DDR nicht nur Karl-Marx- und Friedrich-Engels-Plätze, Straßen, Wege – Wege gab's keine in der DDR –

– *Alleen* –

– Alleen umbenannt wurden, warum sollte man da nicht auch Hegel tilgen, das wäre ja nötig. Denn er hat ja diesen beiden Eseln das Denken beigebracht, man könnte dann vielleicht endlich mal den ganzen deutschen Idealismus abschaffen, samt Fichte und anderen, das wäre das richtige. Ich weiß nicht, weshalb wir nicht imstande sind, hier sozusagen doch den Dreck vom Gedanken, den Rand vom Bild zu nehmen und zu sagen: Hier gibt es große Gedanken, es gibt mögliche Ideen, es gibt Sätze, die einen Entwurfsschatten haben. Jede Orthodoxie, und hier war es eben wieder eine Orthodoxie, in jeder Hinsicht, zerstört den Ausgangspunkt dessen, woher die Orthodoxie selber kommt, sie zerstört den reinen Kern; weil sie ihn bewahren will, erstickt sie ihn. Und das ist hier passiert.

Werkstatt

Ab 1974 sind Sie dann freier Schriftsteller – wie kamen Sie nach einer solchen turbulenten Zeit mit der plötzlichen Einsamkeit klar? Der Alltag stellt sich, trotz beibehaltener Kontakte, plötzlich ganz anders dar, und Schreiben geht nun einmal nur, wenn man in der berühmten Dichterklause allein mit sich ist. In der aber kann einem auch das Dach auf den Kopf fallen ...

Ja, aber ich habe mich auf diese Einsamkeit, die ja nie wirklich Einsamkeit war, erst einmal gefreut. Zum einen füllten die Kinder das Haus und behinderten mich auch in meiner Arbeit, bis ich dann auf Anraten der Jüngsten, der Sophie, zum Vormittagsarbeiter wurde. Und damit war ich geschont, denn die Kinder kamen ja erst um zwei wieder nach Hause. Ich hab' eine Zeit, sicher ein Vierteljahr, gebraucht, um mich einzupegeln. Ich war unruhig, konnte mich schlecht konzentrieren, habe das richtig üben müssen. Auch da habe ich wieder Glück gehabt: Ich hatte noch während meiner Zeit bei Fischer mit dem Manuskript *Eine Frau* begonnen, hatte also einen Strang, an dem ich weiterstricken konnte. So war schon was da, und das ging dann ganz gut.

Haben Sie sich dann abends noch einmal an den Schreibtisch gesetzt?

Abends, wenn es gut läuft. Meistens mache ich das abends aber nicht, sondern überlege Sätze, die ich am Morgen verwenden kann. Ich baue abends allenfalls Anschlußstücke.

Werden die notiert?

Meistens.

Es gibt drei Stufen in der Materialwerdung Ihrer Texte: Der erste Entwurf wird in die Maschine getippt, dies wird von Hand abgeschrieben – eine eigentlich paradoxe Reihenfolge. Die Endfassung schließlich sprechen Sie auf Band.
Seit wann und warum arbeiten Sie in dieser Reihenfolge?

Seit wann, kann ich gar nicht genau sagen. Den *Niembsch* hab' ich einfach nur getippt – nun, das stimmt auch nicht ganz, aber ich habe das methodisch so noch nicht gemacht, auch den *Janek* noch nicht. Ich glaube, daß ich beim *Familienfest* begonnen habe, Kapitel für Kapitel mit der Hand abzuschreiben, weil dies mit seinen Zeitverschränkungen und -ebenen, auch in der Struktur, das heikelste Buch für mich war. Vielleicht war dies der Anlaß: daß diese Ebenen-Wirtschaft da nicht ganz durcheinandergerät, sondern stimmt. Später war es eigentlich immer Bedingung: Stimmt es, wenn ich es mit der Hand abschreibe, was ist ganz falsch, wo hast Du was vergessen ... Das Reden auf's Tonband ist etwas anderes. Mir wird gelegentlich vorgeworfen, daß meine Prosa mitunter etwas Mündliches habe, ich glaube aber eher, daß sie etwas Rhythmisches hat. Und diesen Rhythmus, diese Musik, diese innere Sätze fügende Musik muß ich hören. Da ändert sich beim Auf's-Band-Sprechen noch sehr, sehr viel. Was dann zu viel ist, das schreibe ich auch wieder zurück. Aber ich glaube, daß nicht einmal das Abschreiben mit der Hand der wesentliche Punkt ist, sondern das Bandsprechen.

Welche Dinge sind Ihnen klar bzw. vorbereitet, bevor Sie sich an den Schreibtisch setzen, was entsteht während des Schreibens? Passiert es, daß der Text plötzlich in einer anderen Richtung als ursprünglich vorgesehen fortgeschrieben werden muß?

Wenn es fiktive oder quasi fiktive Texte sind, bei denen sehr viel vom Erfinden abhängt und nicht so viel vom Vorgefundenen, mache ich mir einen Plan: einen Kapitelaufriß und einen Personenplan. Bei *Eine Frau*, *Felix Guttmann* und beim *Hubert* habe ich die Biographien der handelnden Personen erst einmal kurz skizziert, so daß ich mit den Lebensaltern und den verschiedenen Herkünften nicht durcheinandergeriet. Das sind also kleine Hilfskonstruktionen. Ich wüßte allerdings kein Buch, nicht einmal bei den autobiographisch geprägten, bei dem sich nicht schon nach dem dritten oder vierten Kapitel der ganze Plan geändert hat.
Beim *Hölderlin* war das für mich am irrwitzigsten. Ich arbeite ja nicht mit Zettelkästen, ich habe das Material zwar um mich herum liegen, in der Ordnung aber im Kopf. Ich lese vorher sehr viel und habe es nun sozusagen abrufbar – meistens, manchmal suche ich auch verzweifelt. Ich hatte früher die Angewohnheit, dem Verlag gleich anfänglich vorzulesen, einfach, um zu spüren, wie die das hören. Das mache ich heute erst, wenn es fertig ist. Ich las jedenfalls das erste Kapitel des *Hölderlin*, der inzwischen ja sehr, sehr häufig zitiert wird, da fehlte noch der ganze Einschub »– ich schreibe keine Biographie«. Ich hatte wirklich wie eine Biographie begonnen, wurde geboren usw. ... Ich las dann weiter und erklärte nach meinen Notizen, wie das ungefähr aussehen soll, wie ich da Geschichten und dort den biographischen Teil, auch als

Fiktion, zeige. Heute weiß ich nicht mehr, wer es war, der darauf sagte: »Also das mußt du am Anfang zeigen, dein Programm mußt du sofort zeigen.« Das hat mir eingeschlagen wie ein Blitz. Ich habe, gleich, als sie wieder weg waren, angefangen, diesen Einschub zu schreiben. Solche Dinge stoßen mir immer wieder zu.
Diese ganze Kurrie-Geschichte in der *Herzwand*, die mir relativ wichtig ist, war so nicht gedacht gewesen. Ich hatte die als Kleinstbiographie im Kopf, wollte also wirklich mit aller Härte 'ne Wendebiographie schreiben, bis mir klar wurde, das ist falsch, der muß selber auftreten. Beim *Hölderlin* wußte ich auch nicht, wie ich enden würde, bis zum Schluß ...

*Die ersten und die letzten Zeilen eines Buches sind für die Textstruktur ja von äußerster Wichtigkeit, sie zeugen unter anderem auch vom Beherrschen des Schreibhandwerks. Georg Landerers Abschied von seinem bisherigen Leben überzeugt durch die Übereinstimmung der inneren und äußeren Vorgänge sofort (*Das Windrad*), der erste Satz des* Hölderlin *macht als Satzbruch den Leser mit der zu erwartenden Schreibhaltung bekannt, der letzte ist – für mich – der für einen Roman bestmöglichste überhaupt: »So kann es gewesen sein, hier kann es enden.«*
Wie bewußt setzen Sie solche Sätze, wie intensiv sind hier Korrekturen nach Beendigung einer Arbeit?

Dies sind sehr bewußt gesetzte und sich sehr häufig erst langsam herausschwitzende Sätze; mitunter geht's ganz schnell. Es gibt ein erstes Kapitel, das ich für sich geschrieben habe, wie ein Scherzo, das dann auch am Anfang dieses Buches ganz für sich steht: das ist das Borsalino-Kapitel im *Hubert*. Da war mir klar, daß dieses Buch mit einem

Stück beginnen muß, das das Buch noch gar nicht ganz meint. Am mühsamsten habe ich an der *Nachgetragenen Liebe* gearbeitet, diesen Anfang hab ich sicher – weiß der Himmel wievielmal – geschrieben, der ist wirklich nachgetragen, heute kann ich ihn fast auswendig. Ich kann ihn deswegen fast auswendig, weil immer, immer, immer mehr zusammengeführt, kondensiert wird.
Um noch auf einen Anfang zu kommen, der für mich auch sehr hart und mühsam war, das ist jener von der *Herzwand*. Diese Beschreibung des Herzkatheters war erst viel ausführlicher, das mußte ich immer mehr zurücknehmen – bis es für mich nicht mehr weiterging. Anfänge sind etwas unglaublich Wichtiges und was Schreckliches und Mühseliges.

Wonach richtet sich die formale Struktur des Textes? Wann ist die klar?

Nicht immer gleich. Beim *Hölderlin* beispielsweise brauchte ich einige Zeit, um mir klarzumachen, daß, wenn ich schon die Fiktion, den Erzähler hineinnehme, den Erzähler als erzählten Gegenstand, ich dies in der Struktur ganz klar zeigen und vorführen muß. Da habe ich ziemlich lange rumexperimentiert, einige der Geschichten auch verspätet geschrieben, nachgetragen, weil ich merkte, daß ich noch nicht in der Balance bin. Das Buch ist am Anfang ja außerordentlich ausholend und erhält dann in der zweiten Lebenshälfte ein ganz starkes Tempo und wird eng, das ist also ganz wissentlich gemacht. Beispielsweise das Sinclair-Kapitel, die Porträts, die dann anstelle der Geschichten stehen, die z.T. nachgeholt sind ... Wenn ich merke, daß da noch etwas fehlt, daß das Gleichgewicht, die Balance noch nicht da ist, experimentiere ich schon.

Der Sinclair hat dann ja noch einen Nachtrag. Kam der später?

Ganz richtig, ja. Der kam später. Ja, das ist wichtig. Der Sinclair beschäftigt mich ohnehin bis heute.

Die inzwischen oft zitierte Bemerkung Hans Mayers, daß im Hölderlin *von Fritz und nicht von Friedrich Hölderlin erzählt wird, läßt sich auch auf Ihre anderen Dichter-Romane erweitern; das Werk bleibt eigentlich draußen. Textannäherungen bleiben den essayistischen Arbeiten vorbehalten. Halten Sie biographisch angelegte Werkannäherungen für dem Roman ungemäß?*

Ich bin mir nicht ganz sicher, ob das beispielsweise bei einer Figur wie Hölderlin überhaupt ginge ... Ich glaube, wenn man ganz bestimmte Lebenszusammenhänge beschreibt oder konstruiert, ohnehin das ganze Werk erklingt. Das ist wie eine geschärfte Linse. Bei Hölderlin war mir von vornherein klar, daß ich in diesem Buch nur drei-, viermal auf zentrale Texte zulaufen muß. Das habe ich auch getan: auf das Napoleon-Gedicht, den *Empedokles*, das Freundschaftsgedicht und das System-Fragment. Mir ging es auch nicht darum, noch einmal oder wieder über's Werk Hölderlin zu erreichen, es gab ja diese ganz exzessiven Versuche, mir war es wichtig, den in seiner Zeit handelnden und denkenden Hölderlin zu zeigen. Der ist vorher nie vorgeführt worden.
Daß es da noch immer Auslassungen gibt, weiß ich – beispielsweise den Theologen Hölderlin. Da muß ich gestehen, daß ich da einiges nicht gewußt und später nachgelernt habe. Das ist vielleicht ein Versäumnis. Aber: Ich habe Hölderlin den Leib angeschrieben, vorher gab es

immer nur den Kopf. Und das war mir das wichtigste. Bei den anderen drei Büchern – *Niembsch*, *Waiblingers Augen*, *Die dreifache Maria* – ist es ein ganz, ganz anderer Ansatz, da wird konzentriert, subsumiert, und aus dieser Summe heraus auch das Werk erklärt, wenn man so will.

Was für äußere Arbeitsbedingungen brauchen Sie beim Schreiben?

Da bin ich recht bescheiden. Was ich brauche, ist Ruhe und meine Umgebung, meinen Schreibtisch, das allerdings brauche ich wirklich. Ich habe mir in Tübingen einen zweiten Schreibtisch eingerichtet, der fast ein Parallelgegenstand ist: wieder so eine aufgebockte Zeichenplatte, größer als hier, weil das Zimmer größer ist, und wieder ist eigentlich nichts vorhanden außer den Handbüchern, und die sind nicht viele.

Wie lange lassen Sie ein Manuskript liegen, bevor es zum Verlag geht? Was erwarten Sie von Ihrem Lektor, auch aus den Erfahrungen Ihrer eigenen Verlagstätigkeit?

Es bleibt nichts liegen, der Verlag wartet ja auch. Was ich vom Lektor erwarte, ist, daß er erstens ein sehr, sehr präziser, strenger Gegenleser ist, der nicht nur die sachlichen Irrtümer feststellen sollte, sondern auch die sprachlichen Ungenauigkeiten. Er muß gegen den Strich lesen. Das zweite ist ebenso wichtig wie das erste: er muß die Fähigkeit haben, sich auf meinen Ton, den Ton des Manuskripts einzustellen. Er kann nicht korrigieren, indem er den Tonfall stört, das darf er nicht, da geraten wir auch aneinander ... Da bin ich hochempfindlich – ich bin ohnehin empfindlich, wenn jemand sagt, »Da hast du dich verhauen«

oder »Streich das lieber«. Aber wenn jemand falsche Vorschläge macht, braus' ich auf.

In Verbindung mit Ihrer Tätigkeit bei der Zeitung schrieben Sie Kritiken, im Monat *gibt es Jahrgänge, wo Sie fast in jeder Ausgabe auch als Autor vertreten sind. Soweit ich das verfolgen konnte, haben Sie keine Verrisse geschrieben, selbst bei Sachbüchern blieb der Ton stets wohlwollend-höflich. Liegt das an Ihrem Auswahlprinzip?*

Ja. Ich hab' es nicht vermieden – ich habe zwei, drei Verrisse geschrieben, die auch relativ grob waren. Für mich ist ein Verriß die äußerste Möglichkeit oder beinah schon Unmöglichkeit im Umgang mit einem Buch und einem Autor. Ich habe nicht die Neigung, wie – denken Sie an Schlegel – beispielsweise die Romantiker, sich selbst in der Auseinandersetzung mit einem anderen Werk zu verdeutlichen, das heißt, das andere Werk zu vernichten, um selber Sprache zu finden. Für mich hat der Umgang mit Kunst – ich bin sicher, daß Kritiker wie Schirrmacher dies eher abscheulich finden – etwas absolut Dialogisches. Wenn ich eine Kritik schreibe, setze ich voraus, daß das angesprochene Buch auch die Gelegenheit zur Antwort findet. Ein Verriß strengt mich sehr an, da ich genötigt bin, das Buch sprachlos zu machen.

Es ist aber schon auch ein Selbstverständigungsprozeß, wenn man über ein Buch schreibt ...

Sie haben vorhin schon davon gesprochen: Es kommt auf die Auswahl an. Es gibt Kritiker, die gleichsam antithetisch auswählen, das sind die, die auch gekonnt und leidenschaftlich verreißen. Es gibt andere Kritiker, die von vornherein so aussuchen, daß sie am Beispiel dieses Buches nicht nur das Werk, sondern auch sich erklären. Sie suchen dann poetologisch Näheres aus, nicht unbedingt Verwandtes, aber Näheres, auch im Antithetischen. Sie brauchen nicht unbedingt zu verreißen, sondern sie erklären. Ich meine, daß da in der Auswahl schon grundsätzlich etwas geschieht.

Das geht eigentlich schon in Richtung Essay: Wo würden Sie die Grenzen zwischen Kritik und Essay ziehen?

Eine Kritik ist ein flinker Reflex, ein Essay ist eine Reflexion. Ich bewundere manche kurze Kritik, zum Beispiel bei Kurt Tucholsky, der ein großer und im übrigen einer der gescheitesten und hellsichtigsten deutschen Literaturkritiker war. Er hat zum Beispiel als einer der ersten und entschiedensten, und mit dem empfindlichsten Gehör, auf Franz Kafka reagiert, auf Robert Walser ...

Bei Tucholsky finde ich faszinierend, daß er es immer wieder schafft, über scheinbar völlig nebensächliche Dinge, Seitenwege, den Zugang zum Wesentlichen zu finden.

Ja. Bei dem sind es wirklich Reflexe – aber wie hellsichtig, wie wunderbar formuliert und wie nah dem Buch, auch in der Ablehnung.

Sie schrieben Texte zu kaum bekannten Autoren, Namen wie Franz Hessel, Josef Guggenmos, Rudolf Kassner oder Wilhelm Lehmann waren mir bis dato unbekannt. Wie kamen Sie zu diesen Namen, wie war die Resonanz auf Ihre Bemühungen?

Das sind, auch in ihrer Präsenz, ganz unterschiedliche Namen. Wilhelm Lehmann lernte ich als junger Dichter noch kennen. Da gab es auch einen Briefwechsel, der aber verschwunden ist, seit ich ihn einer wissenschaftlichen Institution zur Verfügung gestellt habe. Dies ging zunächst von einer Schüler-Lehrer-Bewunderung aus, bis der Schüler entdeckte, daß dieser Meister in dem Maße von der Öffentlichkeit gar nicht als Meister wahrgenommen wird. Und so habe ich für den Meister geworben. Bei Franz Hessel war es die Entdeckung eines überhaupt nicht mehr vorhandenen Namens, einer wunderbaren Spielernatur, eines, ganz im Benjaminschen Sinne, erzählenden Spaziergängers oder spazierenden Erzählers. Da war jemand zu entdecken, der ganz undeutsch erzählt. Wenn ich an Max Herrmann-Neiße denke, den ich schon ganz früh, 1948 oder '49, für mich entdeckte – es waren Dichter, die mir erst einmal etwas schenkten, als Leser und auch als Literat. Und dieses Geschenk wollte ich einfach weitergeben. Das ist wirklich der Impuls gewesen: Leute, ihr seid ja blind und blöde, daß ihr das nicht seht, kennt und lest.

Gab es Resonanz?

Das ist ganz unterschiedlich. Franz Hessel wird heute wieder verlegt, wird auch gelesen, sicher ist es keine große Schar, aber er wird verlegt und gelesen. Bei Max Herrmann-Neiße ist das Gesamtwerk da, darüber bin ich richtig selig, ob er allerdings gelesen wird, weiß ich nicht, aber das Werk ist da. Bei anderen gab es immer wieder Aufbrüche …

Sie haben – sozusagen standesüblich – gelegentlich recht bissige Bemerkungen in Richtung Literaturkritik ge-

macht. Welchen Kriterien sollte Ihrer Meinung nach Kritik gerecht werden?

Kritik vermittelt, das heißt, die Kritik darf drei Dinge nicht vergessen – das ist das Werk, das erläutert sein will, und das ist der Leser, der 's erklärt haben will, das ist der Akt der Vermittlung. Das zweite ist die Herkunft: jedes Werk hat seine Geschichte, man kann also nicht voraussetzungslos bloß dieses eine sehen, sonst ist Kritik platt, dumm und vergeblich. Und das dritte ist, daß aus jeder Kritik eigentlich der zeitliche Zusammenhang ablesbar sein müßte. Weshalb jemand so schreibt, das hat mit den Zeitbedingungen und der Poetologie zu tun, die wiederum mit Zeit zu tun haben. Sicher ist das kompliziert und nie ganz einzulösen, wenn aber einer dieser Grundsätze ausgelassen ist, fehlt einer Kritik ganz Wesentliches; ich halte es für eine der schwierigsten literarischen Aufgaben, eine Kritik zu schreiben. Ich habe mich eigentlich immer sehr geschunden, mit ganz wenigen Ausnahmen, wo die Feder flog. Meistens handelte es sich dann um Liebeserklärungen – und das waren nicht selten die schwächsten Kritiken.

Ihre essayistischen Texte haben zum großen Teil konkrete Anlässe. Essays können ja verschiedene Funktionen besitzen, Materialsondierung, Interpretationsangebote, (zeit)politische und/oder poetologische Selbstverständigung sein. Es fällt auf, daß Unmittelbarkeit zu Ihrem Werk relativ selten gegeben ist bzw. von Ihnen objektiviert wird – die Frankfurter Vorlesungen sind hier zu nennen oder Das Ende der Geschichte. *Zu Hölderlin äußern Sie sich erst rund ein Jahrzehnt nach Ihrem Roman. Im* Wanderer, *den ich einen autobiographischen Essay nennen möchte, ist dies anders, da lassen Sie Nähe zur inneren*

Biographie zu, die bisherige empfand ich als eine nur scheinbare, auf den ersten Blick; Herzwand *lese ich als Fortschreibung.*

Ist es auch.

Wie wichtig sind Ihnen Ihre essayistischen Arbeiten?

Da nimmt das Gewicht zu, die essayistische Arbeit wird mir wichtiger, da ich sie eigentlich nicht mehr von der erzählenden Arbeit trennen kann.

Das ist doch ein Phänomen, das bei vielen Schriftstellern innerhalb der letzten zwei, drei Jahrzehnte zunehmend feststellbar ist ...

Ja, und das kommt auch mehr und mehr zusammen. Wir können Wirklichkeit gar nicht mehr arglos erzählen, dies müssen wir wirklich allmählich einsehen und wissen. Andererseits geht diese Wirklichkeit ohne den gelegentlich arglosen Blick drauf; wir können sie uns gar nicht anders erhalten als mit eben diesem arglosen Blick. Aber da wir das nun wissen, müssen wir auch unser Wissen darüber mitliefern, sonst könnten wir diesen gelegentlich arglosen Blick gar nicht bewahren. Also ist das ein ständiges Reflektieren, das heißt, entweder schreibt man subsumierende Texte, häufelt also Wirklichkeit auf Wirklichkeit, wird zum guten wie auch schlechten Detailhuber, oder man prüft die gesehene Wirklichkeit ständig in der Reflexion nach, also schreibt im Grunde erzählende Essays. Essays, die der Wirklichkeit ins Bild, nicht ins Wort fallen, so sehe ich das. Diese Literaturform hat Robert Musil ebenso schon gekannt wie Marcel Proust und andere. Sie wird überhandnehmen in den nächsten Jahren – mit ihr können wir uns besser ausprobieren, weil der Kontext, Bewußtsein und Wirklichkeit, so gestört ist, daß wir die Störung beschreiben müssen, nicht das, was da ist.

Welchen Einfluß haben aktuelle Literaturverhältnisse auf das Schreiben? In dem Monographieversuch von Burckhard Dücker wird am jeweiligen Kapitelende hervorgehoben, daß die entsprechenden Texte genau in der gerade aktuellen Strömung liegen; meines Erachtens sind solche Beziehungen komplizierter. Andererseits entsteht Literatur nicht in einem Zeitvakuum.
Wie wichtig ist Ihnen zeitgenössische Literatur, Bücher können ja auch Antworten sein? Gibt es so etwas wie »Zeitgeist«, auch über das vorhin schon bezeichnete Eingebundensein in die Zeit hinaus?

Ja, es gibt sicher so etwas wie Zeitgeist, es gibt auch so etwas wie motivische Übereinkunft, unbestreitbar. Wie weit es wirkt und wie weit ich als Autor, als Schreibender mich darauf einlasse, das ist, glaube ich, gar nicht genau festzustellen. Das hat mit Neugier, Empfindlichkeit, im übrigen auch mit Abwehr zu tun; daß ich etwas abwehre, kann schon bedeuten, daß ich darauf antworte, also schreibe ich auch dem Zeitgeist verpflichtet. Als ich die *Nachgetragene Liebe* schrieb, schrieben andere auch Bücher über ihre Väter, komischerweise wußte keiner vom anderen ...

Oder die Romantiker, die siebziger Jahre als Romantiker-Jahrzehnt ...

Ja, ich glaube einfach, daß das ein Grad der Empfindlichkeit ist – ich kann nicht sagen, worauf ich reagiere, ich kann nur sagen, mit welchem Thema ich reagiere. Der Zeitgeist redet manchmal mit, manchmal quatscht er auch nur mit, und manchmal sind's Zufälle, absolute Zufälle. Vielleicht wird auch das Getöse, das Gedröhn, das Gerede um einen herum so laut, daß man schon aus Verdruß dagegen eine Antwort gibt.

Sie bekennen sich entschieden zu einem aufklärerischen Grundgestus, der auf Kommunikation zielt: »In einem Aufklärungsprozeß gibt es nur Beteiligte«.
Was verstehen Sie unter Aufklärung, wo liegen die Grenzen, etwa zur Didaktik oder Agitation? Läßt sich dies auf Einbeziehung oder Ausschluß des Lesers, also dialogischen oder monologischen Ansatz, reduzieren?

Nein, darauf läßt es sich nicht reduzieren. Aufklärung ist, nach meinem Verständnis und auch nach meiner Entwicklung, nicht mehr das, was Diderot und Voltaire verstanden und verstehen mußten. Die europäische Aufklärung richtet sich auch gegen den Klerus als Form, die alle Formen des Glaubens behütet und verwaltet, sozusagen die sichtbare Gegend verdunkelt. Ich verstehe heute unter Aufklärung: So anschaulich und präzis wie möglich den Wissensstand, die Einsichten in unseren Wissensstand zu vermitteln; ich versuche als Erzähler, andere tun's wissenschaftlich, so wenig wie möglich die Einsicht und die Erkenntnis von Zusammenhängen zu verdüstern, zu zerstören: Aufklärung ist nichts anderes als Licht, Helligkeit, wenn ich Denken meine. Da wir im Moment wieder zum Schummerlicht neigen, oder eben zum Pirouettendrehen – und da sieht man ja sozusagen nichts als Farbbänder, aber nicht die Farben, die gemeint sind –, halte ich Aufklärung schon fast wieder für einen feinen, nützlichen Widerstandsakt.

Literatur meint doch aber den ganzen Menschen, nicht nur das Denken.

Das Denken ist etwas anderes als der Gedanke. Wenn ich vom Denken spreche, dann ist das ein absolut intellektueller Akt, ein Akt, den man an die Vernunft binden kann, nicht muß, aber ein intellektueller Akt. Der Gedanke ist keineswegs nur dies, hat keineswegs nur einen intellektuellen Grund, sondern er hat sozusagen einen Seinsgrund, er kommt aus dem ganzen Menschen – und den meine ich. Den mein' ich auch, indem ich Aufklärung meine. Ich gehöre zu den Menschen, die in gewisser Hinsicht etwas glauben müssen, die – obwohl ich's immer wieder relativiere und abfrage usw. – nicht ganz ohne das auskommen. Nur werde ich sofort widersetzlich und beginne mich zu wehren, sobald das fundamentalistische Züge kriegt. Da begehre ich auf, schlage um mich, wenigstens mit Wörtern. – Das ertrag' ich nicht.

Ein ausgesprochen diffiziler Vorgang in der Kunst ist die Artikulation von Gefühlen. Hier droht es schnell, in Kitsch umzuschlagen, Gefühlsbekenntnis und Sentimentalität liegen sehr eng beieinander. Ihre Texte begeben sich da manchmal auf eine gewagte Gratwanderung. Das Pathos des Sichzugebens halte ich dabei schon für entschieden berechtigter als die unterkühlte Langeweile der Alleswisser. Dennoch gibt es diese Gefahr, wo ziehen Sie für sich, wo bei anderen die Grenze?

Ich kann sie für mich ebenso wenig und eindeutig ziehen wie für andere. Diese Grenze wandert, sie ist mal enger, mal weiter, manchmal sehe ich sie gar nicht. Ich gestehe auch ein, daß ich schon eine gewisse Schwäche für unverhohlenes Gefühl in der Kunst, nicht für platte Sentimentalität, habe. Deswegen sind mir in der Musik z. B. zwei solche Romantiker und unverhohlene Gefühlskünstler wie Schubert und Schumann sehr lieb und sehr wichtig. Bei denen kann ich für mich die Grenzen ermessen, die im Fühlen, in der Gefühlsmitteilung wichtig sind. Das 6. Stück in der *Kreisleriana* von Schumann – das ist für mich das Noch-Erlaubte. *So* weit trau' ich mich gar nicht, aber daß ich über's erlaubte Maß manchmal hinausgehe, ist mir lieber, als daß ich weit hinter dem erlaubten Maß zurückbleibe. Da kenne ich keine Angst, keine Scheu. Ich kann eines tun: Emotion und Ästhetik bedingen einander in der Kunst fast als Kontrahenten, die Form widersetzt sich der Emotion, und die Emotion durchsetzt die Form.

Das Spiel mit der eben verschiedene Formen benutzenden Collage in der Herzwand *zum Beispiel ist ja auch ein Schutzschild –*

Ja. Absolut. Und das muß ich wissen, das muß ich als Artist wissen, dann kann ich anfangen, die Sache auszureizen – manchmal geht sie einem auch durch, das ist klar.

... und das ist die ganze Familie

Die Frau, die Sie 1959 heirateten, kannten und mochten Sie schon sehr früh; wie fanden Sie zueinander, wann war klar, daß dies doch eine Lebensgeschichte werden wird?

Da muß ich anders beginnen: Meine Frau ist in einem ganz wunderbar lebendigen Haus aufgewachsen, sie ist eines von sieben Geschwistern, ihr Vater war ein richtiger alter Land- und Hausarzt, ihre Mutter eine Frau voller Wärme. Das war etwas, das auch einem Flüchtlingsjungen Wärme gab. Gekannt und gemocht haben wir uns schon in der Schule, und es war uns eigentlich bald klar, daß wir möglicherweise auch beieinander bleiben. Als ich dann nach Heidenheim gegangen bin, haben wir uns gesagt: Es könnte gehen. Da sprang uns aber mein späterer Schwiegervater in den Weg und hielt uns und unsere Pläne, auf: Ihr beide habt erst einen Beruf, ehe ihr heiratet, vorher gibt's nichts. Und seinerzeit nahm man solche elterlichen Weisungen ja noch ganz ernst (lacht) ... Also hat die Mechthild ihr Diplom gemacht, und ich hatte dann doch einen Beruf mit einem allmählich ganz ordentlichen Gehalt. Dann erst bin ich zu meiner Schwiegermama gegangen ... (lacht) Es war ein langer Weg, aber im Grunde genommen haben wir schon als Vierzehnjährige gehofft oder gewußt, daß es miteinander gehen könnte.

Wieviel Kinder haben Sie, wann sind diese zur Welt gekommen?

Der Fabian ist ’63 in Berlin geboren, die Friederike ’65, Clemens ’66 und die Sophie ’70.

Gibt es Enkel?

Zwei: Marie und Hannah.

Waren die eigenen Kinder auch Anstoß dafür, Kinderliteratur zu schreiben, fiel das leichter? Der Anfang ist ja klar, da gab es ja zunächst diesen Band mit den Kinderprotokollen.

Ich werde das oft gefragt, ich kann das nicht sagen. Was die Sprache oder die Erzählhaltung angeht, glaube ich, war das keine Hilfe. Das hat mit Kunst, mit Literatur zu tun. Was die Stoffe angeht oder die Typisierungen, so könnte das schon sein, man beobachtet ja die Kinder und auch die Freunde der Kinder ständig. Genau und entweder voller Zutrauen – oder Mißtrauen. Ich bin aber nicht einer von den Schriftstellern – Thomas Mann war ein solcher –, die tatsächlich Studien am Objekt betreiben, das tu’ ich nicht. So etwas fällt erst während ich schreibe ins Gedächtnis ein: Das hast du da gesehen.

Und Gehörtes? Wortschatz, Redewendungen ...

Das ja.

Wie haben Ihre Kinder Ihre Bücher gelesen?

Ganz unterschiedlich: Friederike und Sophie kritisch, aber ganz kontinuierlich, die haben immer mitgelesen, bis heute. Der Clemens liest nicht, bei Fabian weiß ich es nicht mehr. Aber alle vier lesen beispielsweise die *Kinderprotokolle* heute mit wahrer Wonne und großem Entzücken, denn da steigen sie ja sozusagen aus dem Spiegel der Vergangenheit sich selber wieder entgegen.

Wie wichtig ist Ihnen der familiäre Grund? Eine Insel?

Da müssen wir eigentlich wieder zurückkommen auf die Bewegung des Flüchtens.

Ja, dieses Nun-Grund-haben …

Es ist bis heute eben die erste und jetzt fortdauernde Erfahrung, die mich auch das Bleiben gelehrt hat.

Welchen Rang geben Sie der Kinderliteratur in Ihrem Schaffen, was sind die Schreibanlässe, wann und warum entsteht ein Kinderbuch?

Für mich stehen die Bücher für Kinder absolut gleichrangig neben allen anderen Büchern, und worauf ich immer wieder hinweise, sie greifen auch gleiche Themen auf, wenn auch auf andere Weise als die Romane. Ich will nur zwei Beispiele sagen, die auch ganz skurril sind: Als ich *Eine Frau* geschrieben hatte, war ich mit der Katharina noch nicht fertig, und darauf schrieb ich *Oma*. Die *Oma* ist in gewisser Weise die Fortsetzung der Katharina Wüllner …

Alter John *kommt ja auch bei der* Frau *vor, in seiner Jugend …*

So ist es. Und es gibt noch eine Fortsetzung, die etwas vertrackter und heimlicher ist, aber für mich eine ganz unmittelbare Fortsetzung war: Als ich *Das Windrad* geschrieben hatte, da erscheint der Pokko, ein autistisches Kind, da hat mich nun nicht der Junge selbst, sondern das Thema der Sprachlosigkeit, vielleicht auch der aufgenötigten Sprachlosigkeit, der Sprachlosigkeit durch Schock, so weit beschäftigt, daß ich *Jakob hinter der blauen Tür* schrieb – und so gibt es immer wieder direkte Übergänge, Brücken, thematische Fortsetzungen. Es sind nicht zwei Felder, es ist meine Arbeit, mein Werk. Es gibt einen schönen Spruch von Walter Jens, der mich mal fragte: Was würdest Du sagen, wenn Du nicht durch den *Hölderlin*, sondern durch die *Oma* unsterblich würdest? Da hab' ich kurz gezögert, dann habe ich gesagt: Es würde mich vielleicht ein bißchen kränken, aber es wäre, genaugenommen, egal.

Ein wichtiger Unterschied zwischen Kinder- und anderer Literatur ist das Adressatenbewußtsein im Schreibprozeß; in der »Erwachsenenliteratur« ist dem Schreibenden der Leser zunächst erst einmal gleichgültiger. Welche Steuermechanismen konnten Sie bei sich entdecken?

Nein, nicht ganz. Gleichgültig nicht, aber die direkte Adressierung, die Zuwendung, auch die Einschränkung, die ist natürlich vorhanden. Aber die Haltung, das Bewußtsein des Schreibenden hat mit den Adressaten zu tun. Wenn ich für Kinder schreibe, kann ich nicht abstrahieren, was ich im Roman selbstverständlich tue. Ich kann sozusagen Handlungen beschleunigen, indem ich abstrahiere, Gedanken zusammenfassen. Wenn ich für Kinder schreibe, muß ich auch das, was ich sonst abstrahiere, erzählen, das heißt, ich kann aus der Anschaulichkeit nie raus. Und selbst in der Metaphorik muß ich aufpassen, daß sie ins Anschauliche übersetzbar bleibt, direkt übersetzbar ist. Das ist ganz wesentlich, und das ist, finde ich, eine unglaublich präzise Schule des Schreibens. Für mich ist dies nicht ein Schreiben auf einem Niveau, das weiter unten liegt, sondern es ist eine Art sehr, sehr empfindliches Trampolin der Sprache, auf dem ich mich da bewege. Da merk' ich die Fehler noch viel eher als im Roman.

Als wichtiges Element der Kinderliteratur gilt Ihnen das Identifikationsangebot. Allerdings gibt es Bücher, bei denen eigentlich der Erzähler die Identifikationsfigur ist, etwa in Das war der Hirbel *oder in* Alter John. *Das sind ja nun keine unmittelbaren Identifikationsfiguren, der Leser wird veranlaßt, sich über den Erzähler mit diesen in ein Verhältnis zu setzen.*

Ja, beim *Alten John* würde ich dem ganz und gar zustimmen, beim *Hirbel* überhaupt nicht, denn da sind die Erfahrungen anders. Auf den *Hirbel* gibt es so viele Briefe, wie ich sie sonst auf kein Buch je bekommen habe. Und diese Briefe sind alle identifikatorisch. Das war für mich eines der Wunder. Es gibt auch manchmal Wunder, die man gar nicht anrichten will und die sich von selber einstellen. Daß die lesenden Kinder sich mit diesem partiell ja unerreichbaren Kind, dessen Unerreichbarkeit auch beschrieben wird, beinah noch energischer identifizieren als mit einem Jungen wie Kalle in der *Oma* ... – das ist nicht nur Identifikation, sondern die reißen dieses Geschöpf förmlich in sich rein und sind dafür. Ich hätte damit nie gerechnet, es war ja das erste Kinderbuch, das ich geschrieben hatte. Es hat auch eine Zeit gedauert, bis der *Hirbel* gewissermaßen entdeckt wurde. Jetzt ist es ganz deutlich so, daß der *Hirbel* das Identifikationswunder ist.

Sie wenden sich sehr entschieden gegen Trivialisierungstendenzen in der Kinderliteratur, betonen das Angebot von Alltagserfahrungen, auf daß »Kinder nicht wieder aus der Geschichte fallen«. Zugleich verweisen Sie auf die Gefahr, daß die »Phantasie zur Fäntäsie« verkümmere. Das Ziel des vom Verlag Beltz & Gelberg gestifteten »Peter-Härtling-Preises für Kinderliteratur« ist, Manuskripte zu finden, die nicht in Fantasy-Literatur ausweichen, die nicht an der Unendlichen Geschichte *weiterschreiben, sondern die an unserer realen Geschichte schreiben. Sicher arbeitet ein großer, wenn nicht der größte Teil der auf dem Buchmarkt angebotenen Literatur mit Kitsch-Klischees, verwendet Stereotype statt Charaktere. Wie für Erwachsene so auch für Kinder. Gerade in der Trivialliteratur funktioniert ja der Identifikationsvorgang ausgezeichnet, da durch das Ausklammern von Widersprüchen Widerstände, d. h. Denkzwänge fehlen. Andererseits kann ich die prinzipielle Ablehnung der Fantasy-Literatur nicht nachvollziehen. Gerade das außerhalb des Alltags Stehende, die Exotik der Handlungsplätze und die Exklusivität der Vorgänge besitzen einen starken Leseanreiz, nicht wenige werden erst über dieses Genre zum Lesen motiviert. Auch hier gibt es realistische Erfahrungsmodelle verarbeitende Literatur, seien diese in der Science-fiction, der Fantasy oder im Abenteuerbereich angesiedelt. Als Cooper-Leser müßten Sie dem eigentlich zustimmen; und den von Ihnen gescholtenen Michael Ende halte ich schon für einen großen Autor.*

Zwei Dinge möchte ich gleich auseinanderhalten: Mit der *Endlosen Geschichte* kann ich nichts anfangen, anders ist es mit *Momo*, das ist wirklich ein erstaunliches Buch. Da ist Fantasy anders angesetzt und auch eingesiedelt in eine durchaus reale Handlung. Cooper war nie ein Abenteuerschriftsteller. Die Abenteuer, also die große Lebensgeschichte Nathaniel Bumppos, die er schildert, sind ein Stück amerikanischer Geschichte, amerikanischer Wirklichkeit. Deswegen lieb' ich ihn auch, weil er einer der ersten, einer der großen Landschafter unter den Erzählern ist, und zum zweiten gewiß nicht ohne Naivität, deswegen hat Arno Schmidt ihn auch so gemocht. Er rekonstruiert eine Wirklichkeit, und zwar eine Wirklichkeit mit all ihrer Dramatik, aber auch in ihrem Entwurf so, daß er beinahe noch Zeitgenosse ist. Und diese Nähe der Rekonstruktion übt einen großen Zauber aus, denn die Nähe der Rekonstruktion hat auch etwas von einer Vision, von einem Entwurf. Der letzte Teil des *Lederstrumpf*, der zugleich auch den Tod Natty Bumppos schildert, ist das Versprechen einer friedfertigen Gesellschaft in einer wunderbaren, nicht erhaltbaren Natur – das ist schon groß. Da haben für mich Phantasie und fantasy geschwisterliche Züge. Fantasy ist für mich dann absolut befremdend, wenn sie ganz und gar, und zwar primitiv, mit lauter bunten Identifikationsangeboten Fluchtimpulsen nachgibt. Wo sie also wirklich nur anbietet: Kommt raus aus dieser bescheuerten Welt! ICH öffne euch eine schönere.

Der heutige Cooper-Leser aber empfindet jene Welt schon als exotisch. – Und am Ende der Unendlichen Geschichte, *als der Junge in Fantasien war, passieren ja erst mal ziemlich brutale Dinge, weil das nämlich sein kleines Ego war, das die Dinge steuert, und dann muß dieses Ego eine Erziehung durchmachen ...*

Da ist manches toll. Ich will Ihnen auch sagen, warum ich dieses Buch, na, nicht für mißglückt halte, aber für literarisch dünnbeinig. Wer als Hilfe einen zwei- oder dreifarbig gesetzten Text braucht, um dem Leser klarzumachen, jetzt stürz' ich aus einer Gegend in die andere, der verstößt für mich gegen die Gesetze des Schreibens, der veräußerlicht die. Schon das Kursive in Texten enerviert mich: entweder liest man kursiv, sind die Texte gleichsam kursiv aus sich heraus, oder sie brauchen die äußere Hilfe, dann stimmt was nicht. Dann stimmt was nicht im Erzählen.

Ich weiß nicht – für mich hat das Buch etwas von der Spielform der konkreten Poesie an sich, auch das Zweifarbige.

Möglich. Für mich ist es eben nichts anderes als ein Hilfskonstrukt, das reicht nicht aus. Das ist bei *Momo* anders, das ist übrigens anders auch bei einem Buch, das ich ebenso liebe, ein sehr frühes von Michael Ende, das ist der *Jim Knopf.* Das hat Witz und hat Anschaulichkeit und ist keineswegs kindisch, sondern lustig und genau. Aber so hat man Vorlieben und läßt manches aus.

Ende der siebziger Jahre scheitert ein literarisches Projekt, das die Geschichte eines Mannes und seiner Liebe zu einem Kind erzählen wollte, dem dann Pädophilie unterstellt wird.
Weshalb konnte dies nicht zu Ende erzählt werden? Es ist ja insofern besonders schade, als daß gegenwärtig dieses Thema einfach nicht geht, es ist meines Erachtens von den Medien derart besetzt, daß es schon geleert ist, daß sofort der Verdacht entstünde, man wolle auf einer Modewelle mitsurfen. Im Pokko ist das Thema ja ein wenig aufgehoben.

Ja ...

Hinzu kommt, daß man – insbesondere als Mann – ja kaum die Liebe zu den eigenen Kindern zugeben darf. Dabei kann man nur Kinder wirklich vorbehaltlos lieben, man muß nicht Angst haben, daß man sich verlieren könnte, zu sehr preisgeben, schutzlos machen, wie bei jener ganz anderen Liebe, die dann etwas mit Mann- und Frau-Sein zu tun hat und die schnell in ein Ausgeliefertsein mündet, mit Ich-Verlust bestraft werden kann. Noch einmal: Weshalb konnte dies nicht zu Ende erzählt werden? Wie weit war sie gediehen?

Die Geschichte ist weit gediehen, das Manuskript liegt im Keller, im Schrank. Es sind sicher so hundertsechzig, hundertachtzig Seiten. Ich hab's nie mehr angeschaut. Was mich hinderte, war nicht der fehlende Stoff oder die abgerissene Handlung, sondern die fehlende Sprache. Mir fehlte diese veränderte Sprache, die ich zwischen Landerer und Pokko geradezu ersehne, wirklich eine Sprache der Liebe. Also ließ ich's bleiben.
In einem Kinderbuch, in der *Jette*, hab ich's dann noch einmal versucht, es ist aber nicht das, was ich damals wollte.

Gibt es noch mehr solch abgebrochener Projekte?

Nein.

Welche Chancen sehen Sie für die Literatur, für das Lesen, angesichts der, auch für die Kinder, immer mächtiger werdenden medialen Unterhaltungsproduktion?

Da kann man auch keine eindeutige Antwort geben, aber da gebe ich eher eine zuversichtlichere als pessimistische Antwort. Es gibt im übrigen ein Indiz, daß das Lesen weiter zur intellektuellen Unterhaltung des Menschen gehören wird, das ist, daß die Kinderabteilungen in den großen Büchereien die mit Abstand besuchtesten sind. Und daß sie heute auch in einer gut geführten, selbst in einer kleinen oder mittleren, am besten ausgestatteten sind. Das zeigt, daß Kinder einem selbstverständlichen Verlangen, das wir alle haben, aber das uns in der Kindheit jetzt schon verdorben wird, nachgeben, dem nach Konzentration, nach Ruhe, nach Beisichsein. Und da hilft ein Buch, das Lesen, natürlich enorm. Die Ablenkungen sind so heftig und so radikal, daß ich nicht sagen kann, wie das gehen wird. Was mich etwas irritiert, bedrückt, auch in dieser Zuversicht, ist die zunehmende Unfähigkeit, lesen zu können. Ich meine jetzt wirklich Unfähigkeit im Sinne von Analphabetismus, es gibt mehr und mehr Menschen, die nicht lesen können. Das heißt nicht, daß sie das Buchstabieren nicht gelernt hätten, aber sie haben nicht gelernt, zusammenhängende Texte wahrzunehmen. So wird das Lesen zur Mühsal – und da läßt man's lieber. Ich bin da gespaltener und getrübter Hoffnung.

Renitenz und Krisis

Im Windrad *nimmt einer Abschied von sich selbst, von seiner bisherigen Existenz, der Aufbruch eines gerade noch Davongekommenen. Diese Zeiten waren offenbar Krisenjahre in mehrfacher Hinsicht. Flower-Power war vorbei, die natürlich viel Befreiendes und Verlockendes, aber auch ebensoviel Rauschhaftes und Naives besaß, der Terrorismus konnte ebenfalls keine Antwort sein, der »Gang durch die Institutionen« erwies sich keineswegs als systemverändernd. Im Gegenteil: die politischen Systeme schienen stabilisiert, die nukleare oder ökologische Apokalypse mußte als reale Möglichkeit erkannt werden. Ohnmacht wurde vielfach erfahren, sei es angesichts der globalen oder in konkreten Situationen, als Stichwort sei Ihre Erfahrung bezüglich des Startbahnbaus genannt.*

Klaus Siblewski macht hier zu Recht auf den Gedichtband Vorwarnung *aufmerksam, der im gleichen Jahr erschien und dessen Texte viel Krisenhaftes haben, er verweist insbesondere auf das Gedicht* Der vorläufige Tod. *Allerdings korrespondieren Gedichtband und Roman noch viel stärker miteinander, bis in die Anfänge und Enden der Bücher hinein: Die ersten Seiten* beider *Bände sprechen vom Abschied, vom Weggehen, vom Sich-anders-einrichten-Müssen. Dies ist auf den ersten Blick zutiefst privat: Georg Landerer verläßt die leergewordene Ehe, erinnert die sinnlos gewordenen und dennoch zumindest für den, der noch Sehnsüchte hat, verletzenden Dialoge, die unerfüllten Hoffnungen und Wünsche.*

In den den Gedichtband eröffnenden Zeilen ist dieser

Abschied noch nicht so endgültig, der Riß ist allerdings da, die Stimmung ähnlich,

Satz für Satz

Deine Ängste schlagen an
wie Kettenhunde
und lassen mich nicht
über die Schwelle.

Ich werde am Morgen
wiederkehren,
wenn du mich erkennst.

Wir wollten, du
weißt es,
Hand an uns legen
und leben.

Schon 1971 heißt es in den Novembergedichten:

Natürlich kann ich mich unterhalten
und
mein Gelächter ist bekannt,
aber
wo lebe ich
und wer
kennt noch die Stichworte,
die ich brauche,
um hier zu sein.

»Die wir aus der Fassung sind« senden deutliche Signale: vom Zerspringen, Ersticken, Spalten, Entleertsein ist die Rede. Und schließlich, den Vorläufigen Tod *verifizierend,*

Der andere Zustand

Meine Sätze halten
mich nicht mehr aus.
Ich höre nichts mehr
von mir.
Die Wörter haben
mich verlassen
und totgesagt

Dies zeigt anderes, da ist einer grundsätzlich aus den Fugen. Einen – und ich denke aber: wirklich nur einen – der Kontexte liefert wieder Georg Landerer: »Als er später in dem Brief an Hella den Sturm der Polizei und das Ende des Windrads beschreiben wollte, brachte er keinen Satz zustande: Die Bilder gerieten durcheinander, die Wörter waren der Ohnmacht nicht gewachsen.«
Noch Jahre später brechen Sie in der Herzwand *den Brief an den Polizeipräsidenten ab, belassen ihn fragmentarisch.*
Wie erinnern Sie sich, nun doch mit mehr Abstand, jener Zeit?
Das Unbehagen beim Flugzeugstart wird wohl bleiben ...

Ich erinnere mich körperlich, richtig körperlich an diese Zeit. Und doch hat die Geschichte, an der ich auch litt, die mich sehr durcheinandergebracht hatte, nun durch den Tod eines sehr, sehr lieben Freundes, der an der Startbahn eine große Rolle gespielt hatte, ein Ende gefunden. Das war Horst Karasek, der mit Helga Novak zusammen in der Waldhütte wohnte, der Waldschreiber war. Er ist im letzten Jahr gestorben, und ich habe ihm die Nachrede gehalten, und damit im Grund' auch eine Nachrede auf diese Zeit. Ich war auf diese ganze Startbahngeschichte nicht vorbereitet. Andere waren das hier. Ich lebte geschützt am Rand, privilegiert, von den Leuten rücksichtsvoll behandelt und wurde in die Vordiskussionen nicht mit einbezogen. Allerdings schwappte durch die Kinder die Unruhe ins Haus. Es kamen auch Leute her, die sonst nicht da waren, aber ich ließ mich da noch nicht drauf ein. Und dann kam eine Nachbarin, das war wirklich eine Einladung, eine Öffnung: »Herr Härtling, also das geht nicht, Sie sind ein politischer Mensch, wir respektieren und achten Sie, Sie können sich da nicht raushalten.« Zuerst wollte ich einmal Bescheid wissen, was da läuft, und habe mit dem Pfarrer Oeser gesprochen, dem sozialdemokratischen Umweltbeauftragten der hessischen Landesregierung, gegen die er sich dann gewendet hat. Da begriff ich erst, was hier läuft: eine Region befand sich im Aufstand, hier passierte etwas Grundsätzliches. Hier wurde sozusagen die Zweckmäßigkeit gegen das Gedächtnis einer Region gesetzt, das heißt Kindheit in diesem Wald, Pilzesuchen in diesem Wald, Spaziergänge ...

Von da an setzte ich mich mit dem damaligen Innenminister auseinander, der dann ermordet wurde, auch so eine sinnlose Tat – und lernte etwas kennen, das ich vorher nicht gekannt hatte: freigesetzte Brutalität. Und zwar legal freigesetzte Brutalität. Ich habe es nie mehr erlebt seither, aber die Erinnerung steckt in mir wach und abrufbar wie in einem geprügelten Hund. Uniformen helfen da unglaublich nach – voll losgelassen schlagen und mit Blendgranaten schießen usw. Da begreift man: Der Mensch ist ganz schnell von der Kette, mit all dem, was ihn abscheulich macht, mörderisch. Ich hatte erlebt, wie das Hüttendorf entstand, das ein wildes, chaotisches Kinderversteckdorf war, in dem auch viel Falsches geschah, aber auch viel, viel ... mögliche Zukunft steckte und das später von den Panzerraupen samt den zweitausend Büchern in der Schreiberhütte niedergewalzt wurde. Das liegt heute alles unter der Startbahn, auf der ich manchmal abfliege ... Während der Zeit konnte ich nicht schreiben und danach auch nicht. Ich war nicht gut dran, es war alles nicht gut dran. Die Mechthild war tief befremdet, von dem, was hier ins Haus drang, was ich auch gut verstehe. Das waren lauter Schlafsackmenschen, die hier mal schliefen, sich duschten. Sie kannte keinen, ich kannte die bloß aus dem Wald. Unser Haus war ein dreiviertel Jahr lang eine Karawanserei. Und dann kamen bloß noch die ganz Kaputten, die Spritzer usw. ... Da war ein unglaublicher Riß. Die einzige Möglichkeit, dem zu entkommen, waren im Grunde die Lesungen, und ich habe viel Lesungen gemacht. Dann habe ich *Das Windrad* geschrieben.

Widerstand ist ein großes, inzwischen bereits wieder verdrängtes, vor kurzem noch sehr modisch gewesenes Wort, das oft viel zu schnell und gern benutzt wird. Ein beharrliches Training des aufrechten Ganges *(Volker Braun) ist oft genug schon eine ganze Menge. Wie definieren Sie Widerstand?*

Es gibt unterschiedliche Definitionen und unterschiedliche Erfahrungen im Widerstand. Ich hab' mich z. B. immer gewehrt, wenn hier in der Friedensbewegung, auch in den Bürgerbewegungen, beispielsweise an der Startbahn, von Widerstand gesprochen wurde – es war eigentlich nicht mehr als eine Bürgerpflicht, nimmt man seine Pflichten als Bürger ernst. Ich habe ein Fremdwort dafür, das ist genauer, das ist Renitenz. Ich bin renitent, das heißt: ich bin bockig, ich widerstehe, ich frage nach – das ist das, was heute Widerstand sein kann. In einer Diktatur ist das ganz anders. Menschen, die sich da mit dem Einsatz ihres Lebens wehren, sei's nun in Chile gewesen oder wo auch immer auf dieser Erde, das ist Widerstand, und das sollte man nicht ganz durcheinanderbringen. Die Menschen, die sich unter und gegen Hitler zu kleineren und größeren Gruppen vereinten, haben Widerstand geleistet. Das ist ein definitorischer Unterschied, und wir werden da schnell etwas fahrlässig …

Ihren Texten ist ein gewisser anarchistischer Zug nicht fremd –

Oh ja.

– einerseits wird Ihnen »die Figur des Dissidenten zunehmend wichtig, die Figur dessen, der die feingesponnenen Fäden des Systems zerreißt. Und zwar erst einmal zerreißt.« Andererseits entsetzte Sie die hilflose Leere, die Ziellosigkeit der Aufbegehrenden an der Startbahn West, was doch nichts anderes ist als eingestandener Utopieverlust.
Wie sehen Sie sich in diesem Spannungsfeld von unzulänglichem, weil begrenztem und mit der menschlichen Natur beladenem Handeln und universalem, weil Utopie einklagendem, jedoch in der Unmittelbarkeit wirkungsohnmächtigen Denken, Dichten?

Dieses Spannungsfeld wird mir eigentlich von Tag zu Tag bewußter. Die Geschichte macht es mir auch immer von neuem bewußt. Man kann es auch noch anders definieren: Daß die Erfahrungen, die in solchen Konfrontationen unweigerlich gesammelt werden, für die, die opponieren, nicht für die, die legalistisch, in welcher Form auch immer, für den Staat oder die Macht sind, immer mit Ohnmacht zu tun haben: Ohn-Macht, das ist auch ein ganz deutliches und präzises Wort – ohne Macht. Und diese Erfahrung sintert gleichsam die Aktivität, die Fähigkeit zur Vision, zum möglichen utopischen Denken, sintert diese Ohnmacht. Wie ein Gift, das langsam diese Fähigkeit tötet und ausschwemmt, und die Ohnmacht ist etwas Lähmendes. Sie haben das in Leipzig miterlebt, und ich höre das beinahe in der gleichen Tonart, wie wir hier in Walldorf sprachen, oder auch in Mutlangen oder anderswo, diese – nicht nur diese Resignation – sondern beinah' schon diese von der Ohnmacht aufgerufene Gleichgültigkeit.

Ja, das ist die Gefahr ...

Dies ist eine ganz große Gefahr, denn wir depolitisieren uns selbst damit und machen uns erneut ohnmächtig. Was noch hinzukommt, ist, daß die Obsiegenden, die die Macht und also das Recht behalten, die anderen auch noch veralbern, sie lächerlich machen, in die Ecke, in die sie ihrer Meinung nach hineingehören, stellen. Und da kommt die zweite Ohnmacht hinzu, welche wiederum dazu führt, daß man sich aus dem politischen Spannungsfeld gleichsam mogeln will, man möchte raus. Aber wohin? Das führt zu einer im Grunde quietistischen Existenz, man begibt sich wissentlich aller öffentlichen Möglichkeiten. Nun bieten die meisten westlichen Gesellschaften auch so etwas wie aktive Verstecke, da kann man umspringen, in Vereine oder sonst was. Das geht, aber es geht nicht für alle. Es gibt eben auch hier in Walldorf nicht wenige Menschen, vor allem die älteren, die das Gefühl der Ohnmacht für sich bewahren und es auch als politisches Movens begreifen. Dies wird begleitet von einem sich ständig steigernden Mißtrauen gegenüber Versprechen. Deswegen auch immer wieder dieses Zurückzucken vor politischen Eindeutigkeiten.

Sehen Sie diese Ohnmachtserfahrung auch in dem vorhin von mir weitergesteckten Rahmen? Man spricht heute so ganz normal von »Globalisierungen«, das ist aber wohl etwas, das spätestens in den Achtzigern begonnen hat. Es gab zwar schon in den Siebzigern diesen und jenen Warnschuß – etwa die Ölkrise '73 –, in den Achtzigern aber wurde die Globalisierung aller Dinge, auch und vor allem durch die nukleare Bedrohung, immer deutlicher. Dieses Ausgeliefertsein, auch über die Unmittelbarkeiten hinaus.

Das kam hinzu, weil die Grunderfahrung, die ganz reale Erfahrung, schon global war. Dies ließ sich schon immer verallgemeinern: Was ist der Wald? Der Wald ist auch die Welt ... Und das haben auch die Handwerksmeister, die Frauen, die da draußen waren, genau so betrachtet: Wir sind nur ein Stückchen, ein Teil. Es gab ja ein Waldseminar, es gab die von der Frankfurter Uni gemachte Wald-Uni. Und es gab, was es vor- und hinterher nie mehr gab, eine parteiübergreifende Einigkeit, diesen einen Augenblick Einsicht, daß hier gewissermaßen diese zwei Vorstellungen von Leben gegeneinander stehen. Die eine ist das der prinzipiellen Maximierung von Zweckmäßigkeit, Gewinn

etc. etc., die andere ist das Prinzip Leben selbst: Wie erhalten wir es?
Es ist gelaufen.
Natürlich sind inzwischen achtzig Prozent mit dem Flugzeug über die Startbahn gefegt, ob nun nach Mallorca oder nach Berlin, ich selber ja auch – und ich bin sicher, daß jeder, der da von uns im Flugzeug sitzt, jedesmal ein ganz mieses Gewissen hat. Aber Sie haben recht: Im Größeren haben wir zwar nicht gedacht, aber es war uns klar.

Zugleich sehe ich in den Gedichten entschieden Privateres, auch schon eher. Da gibt es Ein Mädchen in S. *und gleich noch* Ein Mädchen in M., *und die* Morgenzeilen *sprechen ebenfalls eine deutliche Sprache:*

Es war der falsche
Schritt.
Du mußt nun sagen:
Geh
oder
erstick an mir
oder, bitte,
bleibe zum Frühstück.

Die als Eine Geschichte *betitelte Erzählung* Ein Abend eine Nacht ein Morgen *probiert – oder variiert – ebenfalls dieses Thema.*
Und noch ein anderes Thema bricht in jener Zeit herein, und um die Vierzig herum wird dies schon eine ernstere Geschichte: das Altern. Es ist nicht mehr das Kind, das »spielt: ich bin alt«, das »Ich« hat »sein Alter und / die gewohnte Verzweiflung die / die Haut nicht spannt« zu

lernen – »Ich werde alt«, stellt das Gedicht Zuwachs *lakonisch fest.*
Eine Krisis also auch ganz im Privaten?

Das gab es auch, ja. Es ist im übrigen auch immer eine Krise der Phantasie. Die Ängste, die ich damals hatte und die mich sozusagen wieder auf die Flüchterspur setzten, habe ich heute nicht mehr. Komischerweise. Das war die Angst, daß meine Phantasie und meine Sprachkraft verlorengehen, daß ich nicht mehr schreiben kann. – Schreiben, lieben, leben ist ja in gewisser Hinsicht eins.
Der Zusammenhang mit dem *Windrad* ist mir vor dem Siblewski nicht klar gewesen, das ist gewiß nicht zufällig, es ist aber auch nicht bewußt.

Es ist aber eben nicht nur dieses Punktuelle, das da aufgeschlossen wird, es ist ja die Struktur der Bücher selbst. Bei beiden Büchern kommen dann auch diese dennoch versöhnlichen, hoffnungsvollen Enden: Georg Landerer findet den autistischen Pokko, der letzte Satz spricht von Glück, und es ist kein bereits von Vergänglichkeit gezeichnetes, kein bedrohtes, es ist trotz der Krankheit des Kindes eins, das gerade anfängt und das Zukunft hat.
Die letzten beiden Gedichte der Vorwarnung *sprechen ebenfalls von einem Zusichkommen, vom Wiederfinden, auch der Balance, aus der ein Anfang erwächst, der schon nicht mehr nach dem Was, sondern bereits nach dem Wie fragt:*

> Ich reiß die Haut entzwei und schrei nach Leben,
> ich fühle mich mir selbst zurückgegeben,
> halte mich aus und geb mich hin
> an das, was ich verlor und was ich bin:

das Kind in einem Mann –
wie fang ich an?

Und schließlich,

ZWISCHEN DEN ALTERN

Lauf, hol dich ein
und sieh dir ins Gesicht.
Du warst es lange nicht.
Jetzt kannst du's sein.

Woher im Jahre '83 diese Zuversicht? War der nun Fünfzigjährige geläutert? Hat er sich vom Abschied verabschiedet?

Diese gemeinsame Startbahnerfahrung, die die Kinder und ich gemacht hatten, hat etwas zustande gebracht, was mich mit einer ganz ungewöhnlichen Zuversicht erfüllt. Diese hat mich auch nicht getrogen: während wir, meine Frau und ich, bei anderen Familien sahen, wie die Kinder, oft berechtigt, wegdrifteten und ihren eigenen, auch kontradiktorisch zu den Eltern stehenden Weg gingen und gehen mußten, war das bei uns merkwürdig anders und ist es bis heute geblieben. Es ist da ein Einverständnis geblieben, das etwas in unserer Beziehung absolut änderte: aus dem Verhältnis Vater-Sohn wurde ein Freundschaftsverhältnis. Ich würde meine Söhne heute als meine besten Freunde bezeichnen.

Das musikalische Element in der Literatur

Welche Rolle billigen Sie beim Gedichteschreiben der Experimentierfreude am melodischen Sprachspiel zu? Ihre Zusammenarbeit mit Albert Mangelsdorff läßt hier ein wichtiges Moment vermuten.

Ein Gedicht, im übrigen kann das durchaus auch ein Prosa-Stück sein, hat für mich viel mit Musik zu tun. Da es aber anderen formalen Gesetzen folgt als die Prosa, Gesetzen, die gewissermaßen auf den ersten Blick sichtbar sind, wie die Struktur des Sonatensatzes oder die Struktur des Lieds, ist es, ob ich das nun metrisch genau oder im freien Rhythmus halte, eine Herausforderung, eine Provokation. Für mich auch eine musikalische Provokation.
Das kann, wie bei den Gedichten aus den fünfziger Jahren, zum Ergebnis haben, daß sie reine Spieluhrenverse sind, daß sich ihr Sinn beinah musikalisch ausdrückt. Davon bin ich inzwischen weit weg. Heute hingegen fordert mich diese musikalische Struktur, zu summieren, eine Reflexion auf ihren Bildnenner zu bringen.

Seit Mitte der achtziger Jahre halten Sie Seminare und Vorträge über Musik und Liedtexte; Der Wanderer *und die Romane über Schubert und Schumann folgen,* Das wandernde Wasser *versammelt Vorlesungen zur Musik und Poesie der Romantik. Für Böll war das moralische, für Fühmann das mythische Element in der Literatur der zentrale Punkt, ist es für Sie das musikalische?*

Ja, von Anfang an. Der *Niembsch* heißt ja schon im Untertitel *eine Suite*. Ohne musikalischen Grund, ohne daß ich auch die Idee habe, daß die Musik im gesprochenen Wort eine ganz große Rolle spielt, könnte ich gar nicht schreiben. Ich höre, was ich schreibe.

Nun setzt Musik schneller Grenzen für einen Autodidakten. Sie sind, denke ich, ein mindestens genauso besessener Hörer wie Leser. Dies sind ja nicht nur rezeptive Genüsse, es bildet den Geschmack, verfeinert ihn, lenkt die Interessen in diese oder jene Richtung. Ihre Vorlesungen beschränken sich denn auch auf Motive, auf die literarischen Vorlagen, auf die Eindrücke, die diese in der Vertonung zu assoziieren vermögen. Die Regieanweisungen zu interpretieren, zuzuhören, ist das eine, das andere ist das musikalische Terrain selbst.
Wie weit haben Sie sich in die Musiktheorie vorgewagt? Beherrschen Sie Noten? Spielen Sie ein Instrument? Gab es Helfer?

Nein, ich spiele kein Instrument, und Noten kann ich lesen, wie ein Kind die Fibel buchstabiert. Ich bin also technisch nicht sonderlich gut ausgerüstet, um fachlich mit Musik umzugehen. Aber ich habe, was Musiker dann auch immer wieder verblüfft, ein ganz natürliches Formverständnis für Musik, den Aufbau eines Musikstücks und ein relativ gutes musikalisches Gedächtnis. Ich kann relativ gut hören und kann auch hören, wo's nicht mehr stimmt. Ich bin da aber tatsächlich ein Dilettant.

In einem Interview gaben Sie an, daß Sie, vor die Wahl gestellt, lieber Komponist wären als Schriftsteller. Weshalb?

Wenn ich beispielsweise Mahler höre, der für mich vor allem als Liedkomponist die Fortsetzung Schuberts ist, dann weiß ich, was der Literatur an Ausdruck fehlt. Selbst die wunderbarsten und vollkommensten Gedichte, die ich kenne und für mich bewahre, haben zwar ihre Musik in sich, das weiß ich auch, aber sie haben sie nur in sich, ob es nun einige der großen Goethe-Gedichte sind oder die Mörikes oder Heines ... Die Musik läßt ja etwas zu, was kein Text gewährt: sie nimmt die Phantasie des Hörers so auf, wie die Phantasie des Hörers es will. Ein Text legt semantisch fest.

Worte legen mehr und eher fest, sie lassen sich dann mitunter auch leichter festlegen bzw., denke ich an die Kritik, auch festnageln. Musik hat für mich aber auch etwas paradox Ambivalentes: Zum einen besitzt sie eine viel höhere Abstraktion als der Text – und kann sich zum anderen eine viel größere Emotionalität erlauben. Zugleich kann sich die Musik aus etwas herausmogeln, dem die Literatur weniger – die Lyrik vielleicht etwas mehr – entkommen kann: dem Zwang, Zusammenhänge von Welt und Alltag in ihren Gegenstand hineinzunehmen.

Ich verenge das lieber, ich schränke das ein: Die Musik beginnt dort, wo im Extrem der Text endet. Es gibt in der Musik etwas, das beginnt im Grunde mit Beethovens *Neunter*, wo es andersrum läuft, wo die Musik das Wort sucht. Im letzten Satz der *Neunten* hat man ja tatsächlich das Gefühl, daß es jetzt gar nicht anders geht, jetzt auch das Wort wieder kommen muß. Und diese Sehnsucht habe ich ebenso, bloß andersherum. Wenn ich schreibe, habe ich den Wunsch: Jetzt muß die Musik kommen.

Da Sie auch mit Mangelsdorff einiges gemacht haben, gehe ich davon aus, daß Sie auch die härteren Formen des Jazz mögen. Mir jedenfalls geht es beim Jazz so, daß mir oft jene Stücke gefallen, die, nachdem sie scheinbar alles zerfetzt und in Scherben gelegt haben, dann doch wieder zueinanderfinden, es bündeln, dem Chaos ihren Trotz, auch im Bruch, entgegensetzen. Auch wenn die von Ihnen bevorzugten Komponisten gerade die Zerrissenheit thematisierten, das Fremdbleiben unter jene Traulichkeit gelegt haben, die erst zögernd ihre Brüchigkeit preisgibt: Es war wohl Tieck, der gesagt hat, daß nur in der Musik das Harmonische noch möglich sei ...

Wär' ich jetzt ein Komponist, sagen wir der dreißiger oder fünfziger Jahre, würde ich mit einem ganz rigiden Nein antworten. Ein junger Komponist heute tut dies schon nicht mehr so. Es fragt sich allerdings, was Harmonie ist. Was ist denn harmonisch? Eine Hörverbindlichkeit, die historisch gewachsen und auch wieder auseinandergefallen ist. Aber nur in einer Region, in der abendländischen Musik. Was ist denn in der indischen Musik harmonisch, was in der orientalischen? Auch sind da ja die Instrumente anders gestimmt. *Unsere* »Harmonie« ist nicht die eines Menschen in Südindien, einer Frau in Japan oder einer Sängerin in Afrika. Also ist Harmonie letztendlich nichts anderes als eine artifizielle Absprache. Oder eine artifizielle Entwicklung, die schlußendlich zu einer Absprache wurde. – Das ist Harmonie, genauso wie Disharmonie. Für einen Afrikaner ist das, was wir unter Disharmonie verstehen, Harmonie. Also: Was ist es?

Und für Sie?

Es bleibt eine Eingewöhnung, eine hörende Eingewöhnung. Mit Jazz bin ich ohnehin aufgewachsen, hörend aufgewachsen, aber ich komme heute ohne Mühe zurecht mit Luigi Nono und anderen, das höre ich wie Beethoven auch. Das macht mir keine Mühe mehr. Mir macht eher die Musik Mühe, die aus einer anderen Kultur kommt. Der japanische Theatergesang, den ich toll finde, finde ich aber auch noch immer enorm fremd. Das ist für mich auch nicht »harmonisch«, das bekomm' ich nicht in meinen Musikkopf rein. Aber das musikalische Verstehen erweitert sich durch konsequentes Hören immer.

Das hat aber auch viel mit der Struktur von literarischen Texten, vor allem größeren Romanen, zu tun – das heißt also, daß Dinge, die auf den ersten zwei, drei Seiten geschehen und viel mit dem Text zu tun haben, auf den letzten Seiten noch einmal zum Schwingen kommen müßten: alle, alles. Und so geht es mir auch in der Musik: daß da noch einmal zusammengeführt wird, mehr würd' ich da gar nicht sehen.

Ja, das verstehe ich gut. Ich weiß nicht, ob Ihnen das auch so geht: aber für mich gibt es Literaturwerke, die ich schon zwei-, dreimal angelesen, fast ganz gelesen, halb gelesen ...

Natürlich ...

Sagen wir mal Jean Paul, den *Titan*. Den habe ich in den Ferien mitgehabt, und diesmal wollte ich eigentlich durchkommen. Jean Paul zwingt einen, den ganzen Haushalt der Phantasie zu mobilisieren. Das heißt auch, daß man sich im Grunde in einer ständigen Lesehochform befinden muß, um das aus- und durchzuhalten. Das sind dann nicht diese Schwingungen, die sich vom Anfang auf das Ende übertragen, sondern da muß man sich die ganze Zeit in einer Art Schwingung befinden.

Als eine Art Resonanzkörper außerhalb ...

So ist es, ja. Das gibt's auch in der Literatur, und das gibt es in der Musik.

Beim Jazz ist es ja so, daß Musiker und Komponist – oft – ein und dieselbe Person sind, und – manchmal – sogar im gleichen Augenblick. Für Sie aber ist das Ideal wohl eher der seine Musik »dichtende« Schubert?

Ja.

Warum eher diese Form?

Das hat mit Text und Musik zu tun. Es gibt ja auch im Jazz den Gesang, aber der zielt viel mehr auf den Laut als auf die Bedeutung. Bei Schubert – und in der Musikgeschichte sicher erstmalig – geschieht beides so, daß es einem Musiker gelingt, Wortbedeutung in Musikbedeutung umzusetzen. Daß also die begleitende Musik, denn es ist ja eigentlich Begleitmusik, absolut adäquat ist und auch übers Wort hinausgeht. Sie schafft plötzlich etwas, das ich mir immer wünsche: Daß die in den Wörtern steckende Musik herausspringt und hörbar wird. Beim Jazz ist es ganz anders. Wenn ich die großen Jazz-Sänger oder -Sängerinnen höre, Ella Fitzgerald beispielsweise, interessiert mich nicht die Bedeutung des Textes, sondern, wie sie mit ihrem Gesang auf die Musik eingeht, reagiert, umgeht, wegbricht. Das ist

etwas ganz anderes. Das ist eine prinzipiell musikalische Haltung, die hat mit dem Wort nur bedingt zu tun.
Für das Entstehen von Musik gibt es für mich einen Fall im Jazz, der für mich allerdings ein Randfall ist, das ist Keith Jarrett. Der führt einem ja die Momente des Erfindens vor, zugleich aber auch, wie Form entsteht, musikalische Form, und wie vorgegebene musikalische Formen erweitert oder benutzt werden. Das ist grandios, deswegen kann ich das auch immer wieder hören. Aber er spielt eben auch ganz fabelhaft Händel oder Schostakowitsch.

Ihre Kinder brachten Ihnen auch Led Zeppelin und Pink Floyd bei – durften denn die Heranwachsenden ihre Musik im Dichterhaus laut hören?

Also laut ist zu wenig gesagt – das Haus hat wahrscheinlich Risse davongetragen ... (lacht)

Gab es Entdeckungen auch in diesem Bereich, Stücke, die Sie mögen?

Ja, das hat es immer wieder gegeben. Wobei meine Entdekkungen andere sind als die meiner Kinder. Ich neige aber ungleich mehr der harmonischen Variante der Pop-Musik zu, vor allem dem Soul. Also das interessiert mich mehr als diese Entwicklung bis zu ... wie heißt das –

Techno.

Techno. Da steig ich aus. Ich halte diese Musik auch für absolut einfallslos. Aber gut, es gibt andere, die mir sagen: Du hörst nicht richtig hin. Man kann das bloß nicht hören, weil es zu laut ist. Aber ich habe eben viel Folk und Soul gehört, da waren die Kinder schon viel weiter. Das hat sich dann nicht überschnitten, nur am Anfang, da haben sie mir alle Platten geklaut. Die hab' ich nie wieder gekriegt, die hat der Fabian bis heute. Da gibt es schon Sachen, die mich mehr interessieren. Pink Floyd waren in ihrer Hochform eine grandiose Gruppe, und die Beatles erst recht. Die haben einige Songs geschrieben, die nicht nur Evergreens sind, sondern zugleich wunderbare musikalische Einfälle. Wunderbare.

Der Musikmarkt ist, wie der Literaturmarkt, kaum noch zu überblicken. Weshalb aber bleiben diese beiden Komponisten Schumann und Schubert über die Jahrzehnte hinweg jene, an denen Sie festhalten?
Ist es ihre Zeit, in die Sie ja immer wieder schlüpfen, deren Signale Sie kennen, ist es jene frühe Begegnung mit Schuberts Lied, die Sie im Wanderer *beschreiben – so etwas prägt ja sehr –, was ist es? Trauer, Sehnsüchte, Zerrissenheit, all das haben auch andere Musikstücke in sich, nicht viele wirklich, oft wollen sie es nur, aber es gibt sie. Was also ist das Musikalische, das Sie da so fesselt? Ich frage da auch im eigenen Interesse, denn es ärgert mich immer, wenn mir der Zugang zu bestimmten Kunstwerken verwehrt bleibt, wenn sie mich nicht wirklich berühren. Und dieser Ärger ist wirklich ganz egoistisch: ein Erlebnisbereich bleibt mir verschlossen. Als ich mich einmal mit einem, gleichaltrigen, Bekannten über unsere Härtling-Lektüre unterhalten habe, stellten wir fest, daß wir danach beide zum Plattenschrank gegangen sind und uns diese Stücke – nach langer Zeit – wieder anhörten. Doch trotz dieser wachgerufenen Bereitschaft, es noch einmal zu versuchen – der Funke sprang nicht über. Also: Was ist das Musikalische, das Sie da so fesselt?*

Das ist sehr unterschiedlich, aber es gibt eine Klammer. Ich sag' es jetzt im Schlagwort, im Klischee: Was beide für mich schreiben, ist Flüchtermusik. Es ist Musik voller fluchtartiger Bewegung, diese Achtel- und Sechzehntel, vor allem bei Schubert, auch voller Flüchterangst, vor allem bei Schumann. Ich weiß wenige Komponisten, die so viel an Angst, Unrast, Sprunghaftigkeit komponiert haben, vor allem und besonders in ihrer Klaviermusik. Ich kann eben ein Werk wie die *Kreisleriana* zehnmal hintereinander hören und bin noch immer nicht satt. Und das geht mir bei Schuberts B-Dur-Sonate oder beim C-Dur-Quintett genauso. Das ist sicher diese geteilte, scheinbar geteilte, emotionelle Grundhaltung.

Die Kindeserfahrung Heimatverlust durchzieht Ihr ganzes Werk. Das »Fremd bin ich eingezogen, / Fremd zieh ich wieder aus« aus der Winterreise *taucht immer wieder auf, im* Wanderer *ist es Leitmotiv, wie sich der Wanderer selbst leitmotivisch durch die Zeilen bewegt. »Heimat«, so schreiben Sie, »erfahren wir zweifach: als das uns Nächste und als das Entfernteste. Wem die Synthese gelingt – der hat Heimat.« Landschaften werden wichtig, Räume, auch Sprache. Der Heimatblick ist durch projizierte Erinnerung ja stets ein verklärter; Heimat hat auch etwas mit Geborgenheit durch ein räumliches Vertrautsein und genaues Kennen des Wertgefüges zu tun.*
Wie weit fassen Sie den Heimatbegriff – räumlich, kulturell, persönlich? Wie vertraut, wie fremd kann Heimat sein?

Wie weit ich diesen Begriff fassen kann, das hängt von Bedingungen ab, die ich mir selber setze oder die gesetzt werden. Aber ich kann die Grenzen dieses Begriffs

andeuten, und was innerhalb der Grenzen bleibt, was ich also möglicherweise als Heimat bezeichnen kann, und was für mich Heimat sein könnte. Ich sage grundsätzlich sein könnte, Heimat *ist* in dem Sinn nicht; Heimat hat man nicht als Besitz. Heimat erfährt man immer neu und immer anders, so wie Fremde auch erfahren wird.
Ich gehöre nun zu einer Generation, die Heimaten verlor und Heimaten gewann, diese Generation hat ja auch das Erbrecht auf Heimat erfunden. Das finde ich albern und überaus angestrengt. Was zu diesem von wechselnden Grenzen umgebenen Bezirk gehört, ist Sprache: Ich kann nur in meiner Sprache über das nachdenken, was meine Heimat sein kann, und nicht in einer anderen. Es ist wechselnd, aber doch ziemlich fest und auch beinah leitmotivisch, das sind einige Landschaften, eine ganz gewiß, das ist das Süddeutsche, das Schwäbische – der Himmel darüber. Das sind gewiß auch Menschen, wechselnd, das hat wieder mit Sprache zu tun.
Und das vierte, das vergess' ich hin und wieder, obwohl es wahrscheinlich das ist, was für mich überhaupt Heimat bedeutet, das sind Gestalten, die mich begleiten, seit ich denken kann; sie bewahren in gewisser Hinsicht Heimat für mich. Und diese Gestalten haben eigentlich gar nichts mit heimatlicher Landschaft zu tun – einer wie Theodor Fontane, den ich brauche, um auch in meiner Sprache Heimat zu spüren, erzählt von einer Landschaft, die meine nicht ist und auch nie sein wird. Das ist anders bei Hölderlin, den ich genauso brauche, bei Joseph Roth, der durch seine Erzählhaltung für mich manchmal ganz vorspringend wichtig wird – der bringt heimatliche Bilder mit, aber das sind nicht mehr als Splitter, die vertraut sind. Auf diese Weise erkläre ich mir Heimat. Sobald aber Heimat ideologisiert wird, ziehe ich mich auf die Position des

Fremden zurück. Ich bin einfach unfähig, mich hier orten zu lassen.
Ein Stück Heimat ist mir übrigens jetzt wieder geworden, die Kindererinnerung an eine Landschaft, die eigentlich überhaupt nichts Anheimelndes und Bedeutendes hat: diese Randlandschaft von Chemnitz. Das hat vielleicht etwas mit dem Alter zu tun und daß es jetzt auch wieder nähergerückt ist und ich jetzt auch wieder dort war. Da ist es gar nicht Heimat, da ist es Gedächtnis oder Andenken, wie es Hölderlin so schön nennt, an etwas, an eine Landschaft, an Menschen, die sich in dieser Landschaft bewegen wie auf einem naiven Bild.

Die Verbindung von Landschaft und Sprache schlägt sich in der Mundart, im Dialekt nieder – Klang-Räume. Vor allem dem Schwäbischen begegnet man in Ihren Texten immer wieder. Die Trauer und Verzweiflung Georg Landerers aus dem Windrad *beispielsweise wäre hochdeutsch kaum zu fassen, die Figuren erhalten Nähe, Hölderlin etwa oder Mörike: »I mueß hoim«. Den Brünner Dialekt hingegen setzen Sie, wie bei Janek, anders ein: widerständig oder auch, um gewisse Schrulligkeiten zu unterstreichen.*
Wann und wie wird Dialekt benutzt?

Das hat mit Musik zu tun, es ist wirklich eine Frage der Tonarten. Das ist mir vor allem bei der Arbeit an der *Dreifachen Maria* bewußt geworden, bei der es ja nicht viele Dialektstückchen gibt, dann aber ganz wesentliche. Dieses »I mueß hoim« ist auch etwas ganz anderes. Damit ist ja eine große philosophische, poetische Tradition angesprochen, das geht bis zu Novalis, bis zum *Ofterdingen* – immer nach Hause … In diesen drei schwäbischen Wörtern

steckt das alles und wird zugleich zurückgenommen in eine Realität, die eine Sprachrealität ist. So wird alles Pathos weggenommen, wenn da stünde »Ich muß nach Hause«, so ginge das gar nicht.
Das ist genauso bei Hölderlin. Es gibt eine Kritik, eine einzige Kritik, auf die ich bisher auch öffentlich reagiert habe, die mir vorwirft, ich machte Hölderlin durch Mundart klein. Das kann im Grunde nur ein Schwabe schreiben, die Schwaben haben ja, da sie nur mit Mühe Schriftdeutsch sprechen, immer Minderwertigkeitskomplexe. Ich habe Hölderlin nie kleingemacht, das bestreite ich mit Verve; ich habe Hölderlin – *sprechen* lassen. Wenn ich das Kind Hölderlin sprechen lasse, den liebenden Hölderlin sprechen lasse, den aus den Fugen geratenen Hölderlin, dann fällt er zurück in das, was er die Sprache der Mutter nennt, das ist die Mundart. Ich finde, dies ist etwas Wunderbares. Menschen, die sich in einer extremen Situation befinden oder in sie geraten sind, verlieren den Kunstversatz der Hochsprache. Sie werden zurückgeworfen auf die Sprache, mit der sie begonnen haben. Ich muß sie allerdings bewußt einsetzen, an den Stellen, die natürlich, die selbstverständlich sind, dann hat der Wechsel der Tonarten auch die Natürlichkeit des Musikalischen.

Ich kann mir auch nicht vorstellen, daß etwa der Georg Landerer die gleichen Worte mit einer solchen Innerlichkeit im Hochdeutschen auszusprechen vermag – aber doch auch nicht im Brünner Dialekt ...

Nein, das kann er nicht ...

Das muß schwäbisch sein.

Ja, in diesem Fall hat der Dialekt auch einen historischen Hintergrund, den Pietismus. Die Geschichte von religiöser Nähe: »Zu Tisch!« – das Gebet ist im Grunde immer ein Gebet um's tägliche Brot, das steckt tief drin, auch in der Sprache.

Das ist ja immer auf etwas ganz Existentielles gerichtet –

Ja, ganz, ganz existentiell.

Wann begannen Sie, sich auch ein Bild von den Menschen machen zu wollen, die jene für Sie so wichtige Musik schufen, was trieb Sie dazu?

Bei Schubert war es schlicht und einfach der Zorn über die billig tradierte Person, die Figur des Schwammerl, diese biedermeierlich verfettete Gartenwirtschaftsgestalt. Da war mir, wirklich als Vorsatz, klar: das geht ja nicht zusammen, da muß ein anderer dahinterstecken. Bei Schumann war es eine andere Sache. Nachdem ich die Möglichkeit hatte, das Tagebuch des Arztes zu lesen, wußte ich, daß die ganzen Beschreibungen dieser Schumannschen Existenz an einem kranken: daß sie diese beinah wüste, wilde Sprunghaftigkeit dieses Menschen, auch seine Verdoppelungslust, nie richtig hingekriegt haben. Da war ich auch ehrgeizig, das wollt' ich; das ist nicht hochmütig oder arrogant gegen die Leute, die sich mit Schumann beschäftigt haben, gesagt.

Sie haben ja auch viel Sekundärliterarisches durchforstet. Nach welchen Kriterien selektieren Sie diese Lektüre? Ob Schubert oder Hölderlin, die Literatur über diese beiden kann eine ganze Bibliothek füllen.

Genaugenommen ist es vor allem »primäre Sekundärliteratur«. Zeugnisse der Freunde, Briefe ...

Also Dokumentarisches.

Fast nur Dokumentarisches. Ich habe bei Schubert auch einiges andere, Interpretationen über die *Winterreise* beispielsweise, gelesen, das schon, und das Buch vom Hans-Jürgen Fröhlich, das ich schätze. Bei Schumann war das noch weniger, denn die Schumann-Literatur ist oft ideologisiert. Da sind's dann entweder die Clara-Anhänger oder die Robert-Anhänger, es ist furchtbar. Das hat mich überhaupt nicht interessiert. Also habe ich die Schumannschen und die Clara-Tagebücher, die Briefwechsel, die Dokumente zu Schumann, und seine Literatur, er war ja ein bedeutender Musik-Schriftsteller, gelesen. Damit hat sich's.

Schuberts Leben läßt viele Sichtweisen, die auch angedeutet werden, zu: da ist der jähzornige Kneipengänger und triebhafte Schmarotzer, Sie sprachen auch schon »das Schwammerl« an. Schubert kann als Idyllenträumer und Kleinbürger gesehen werden, Schubert ist manisch-depressiv, unberechenbar und weltfremd ... Wie kamen Sie zu Mein Schubert*?*

Das ist eine Frage, die ich nicht eindeutig beantworten kann. Ich hab' ihn geschrieben. – Und da kommt etwas zusammen, was man erfährt und wünscht, das waren zwei Impulse: das Wissen, das über die Lektüre hergestellt wird, über die Briefe, die Dokumente usw. – und der Wunsch, eine Figur zu finden, die man finden will.

Gab es da Widerstände, Brüche, durch welche Sie dann Ihr Bild korrigieren mußten?

Merkwürdigerweise nicht. Sie wissen ja, wie dieses Buch beginnt: mit einem Bild, das sich, würde man es malen, irgendwo zwischen Moritz von Schwind und Caspar David Friedrich befinden müßte, auf dem Weg zwischen beiden. Das ist zugleich das Bild, das ich mir von Schubert machte, ein abstraktes Bild. Von da aus ließ sich das ganz selbstverständlich und ohne Korrekturen schreiben, denn ich wollte auch wieder zu diesem letzten Bild – und zwischen diese beiden Bilder ist das Bild gespannt, das ich mir mache.

Kopf, Herz und Fleisch finden für Schubert nicht zusammen, erstaunlich unreflektiert bleiben auch seine homoerotischen Neigungen: keine Ängste, keine Gewissensbisse, keine Verunsicherungen im doch erzkatholischen Biedermeier-Wien? Und: Wie sind diese Neigungen belegt?

Die Frage ist berechtigt. Ängste hatte der schon, die habe ich auch reingeschrieben – das ist die Angst, daß ihn die Krankheit nicht mehr arbeiten läßt; politisch hatte er wohl relativ wenig Angst. Das hat mit etwas zu tun, was ich erst begriff, als ich den *Schubert* schrieb: die waren in der Metternich-Zeit ständig mit dem Zensor beschäftigt. Im übrigen ist das durchaus auch mit der DDR vergleichbar – wenn ich an die vielen Gespräche denke, die ich mit Kollegen in der DDR hatte über Höpcke ... (lacht) Der Mayrhofer und der Höpcke sind etwas durchaus gleiches. Man gewöhnt sich ja auch an seinen Zensor. Es sei denn, er greift hart ein, aber man gewöhnt sich an seine Gegenwart.

Wobei es in der Metternich-Zeit den bestallten Zensor gab, und Höpcke ja die Frechheit besaß zu sagen, es gäbe keine Zensur. Außerdem war »Zensur« in der DDR ja nicht auf ein oder zwei Personen beschränkt, das war ja ein äußerst komplizierter, schwer zu durchschauender Mechanismus.

Ja, diesen Satz habe ich auch mal gehört: Es gibt keine Zensur.

Das hat der wohl mehrfach von sich gegeben.

Da hat sich aber beispielsweise Stephan Hermlin sofort eingeschaltet: »Das kannst du doch wohl nicht sagen ...« Was ich noch zum Zensor sagen möchte: Schubert hat ein Leben geführt, und vielleicht erscheint Ihnen das deswegen auch so beiläufig, das vielleicht seit seinem fünfzehnten, sechzehnten Lebensjahr schlicht und einfach nur noch dem Komponieren diente. Deshalb auch diese zwanghaften Arbeitszeiten: Morgens um sechs bis eins oder zwei, und dann kommt das Leben. Dieses Aufgehen des Lebens in die Arbeit hat mich, als ich das schrieb, sehr, sehr beeindruckt. Jene Personenverluste hat Schubert nur bedingt berührt, die sind ja alle draufgegangen; was ihm wichtig war, war die Musik. Die beiden Zensoren, der Schodl und der Mayrhofer, waren tägliche Zumutungen, mit denen er aber umzugehen lernte, indem er beispielsweise den Text so schlecht schrieb, daß man ihn nicht lesen konnte. Nachfragen wollten die dann auch nicht, also ging das durch. Alles andere ist für die Existenz Schuberts ein Nebengeräusch, in der Musik Schuberts ein Hauptgeräusch.

Zu dieser DDR-Parallele wäre doch wenigstens eines noch hinzuzufügen: Christoph Hein hat ja auf dem letz-

ten, sozusagen »ordentlichen« Schriftstellerkongreß diese schön paradoxe Forderung nach einem bestallten Zensor erhoben. Also einen, mit dem man sich konkret auseinandersetzen kann, um diesen undurchsichtigen Kafkajaden zu entgehen ...
Aber diese erotischen Neigungen Schuberts, also etwas, das mit Politik herzlich wenig zu tun hat, aber wohl mit Konventionen – dort habe ich die Verunsicherungen vermißt.

Die waren nicht unsicher. All jene, die quasi kaserniert aufwuchsen, wie Schubert auch, Hölderlin ganz stark, Mörike ... haben, und das sage ich immer wieder, eine enorme, anerzogene Gabe, Freundschaften zu schließen, die freilich immer ambivalent bleiben. Als Vierzehn-, Fünfzehnjährige, in den Briefen Mörikes kann man es nachlesen, sind sie in den Betten »zueinandergeschlüpft«, haben ihre pubertären Erfahrungen ausgetauscht. Das heißt nicht, daß sie unbedingt Homosexuelle waren, aber sie hatten homosexuelle Erfahrungen. Beim Schubert ist es in der Freundschaft mit Mayrhofer deutlich, aber er hat ja zugleich Mädchenerfahrung – die Syphilis hat er sich ja nicht beim Mayrhofer geholt. Es gibt im übrigen ein dolles Zeugnis für die Beiläufigkeit, mit der das behandelt wurde, das ist das Tagebuch vom Bauernfeld, dem Dichterfreund Schuberts. Der hat die Schwulen-Liebesbegegnungen mit 'nem Zeichen, ich glaube einem Kreis, in seinem Tagebuch markiert, die Liebesbegegnungen mit Frauen mit einem Kreuz – oder andersherum, das weiß ich nicht mehr so genau.

Das wundert einen schon – man hat ja von dieser Zeit eher das Bild strenger konventioneller Eingebundenheit, auch sexueller Verklemmungen, ein Nichtauslebenkönnen …

Ja, das ist ein ganz großer Irrtum. Darüber habe ich einmal mit Pierre Bertaux lange gestritten, der die Mutter Hölderlins so haßt. Diese Pietistin wär' absolut weltfremd, hätte von sexuellen Dingen keine Ahnung gehabt usw. Es gibt aber einen Brief von Hölderlin, in dem er seiner Mutter erzählt, warum er scheiterte. Da schildert er genau, wie der Fritz von Kalb onaniert, aus blanker Wut oder Verzweiflung oder Dämlichkeit, und die haben ja damals die Angst gehabt, daß da das Rückgrat ausgezehrt werden würde, und er teilt diese Angst ja auch – und das schreibt der seiner Mutter, die in sexuellen Dingen blöd, blind und dämlich ist. Und schreibt es unverhohlen. Also dies ist absolut ein Irrtum.

Als literarische Figur blieb Schumann für mich ungleich fremder, entfernter, und das ging nicht nur mir so, wie ich weiß. Mag sein, daß das weniger am Literarischen liegt, sondern an dem, was man über Robert und Clara Schumann erfährt. Es verwunderte mich daher schon, daß Sie in dem Film-Essay über das Werden des Schumann-Buches sehr stark auf Hölderlin, auf den Hölderlin-Roman, zu sprechen kamen. Bei Hölderlin *ging es mir ganz anders, da war, trotz des durch den sich kommentierend immer wieder einmischenden Erzählers immer wieder unterbrochenen Textflusses sofort die Nähe da, die blieb auch.*
Im Hölderlin *stellten Sie die erstaunte und – zu Recht – hochachtungsvolle Frage an Ernst Zimmer, und ich denke, daß sie wohl auch Charlotte gilt: »Wie haben Sie Ihren Kranken ertragen, die ganze lange Zeit? Wie konnten Sie ihn schützen vor sich selber? Und wie Sie sich selber vor ihm […]?«*

Wichtig werden dann jene Momente, die in ihrer Alltäglichkeit ein solches Amt so schwer, manchmal unerträglich machen; des Schützlings Gemeinheiten und Gewalttätigkeiten, sein Gestank, sein Gebrüll: »Stundenlang klingt das Geschrei in Klingelfelds Kopf weiter. [...] Zu Doktor Peters sagt er: Es könnte sein, ich werde verrückt wie Schumann.« Hinzu kommen die Grausamkeiten der Psychiatrie: das tägliche Klistier, die schmerzende Fontanelle, jene künstlich hergestellte Eiterquelle auf dem Schädeldach. Aber dies alles müßte Schumann eigentlich eher näherbringen.

Wie fremd blieb Ihnen Schumann? Einerseits sprechen Sie von Vertracktheit, davon, daß sich Schumann immer wieder entziehe, andererseits von einer Nähe bis zur Obsession, »den Menschen, über den ich schreibe, in Obhut zu nehmen«. Diese gefährdet Sie ja auch selbst, wie in der Herzwand *nachzulesen ist: »Mein Wunsch, den andern zu erzählen, genauer noch: in die andere Person einzusickern, sie einzunehmen, schließlich alles von ihr zu besitzen und zu wissen, nimmt gelegentlich überhand.«*

Das sind nun schon zwei Fragen ...

Der Schumann ist von allen vorgegebenen Figuren, die mich bisher beschäftigt haben, die gewesen, die mich, fast als Bewegung, in einem abstieß und anzog. Und ich war nie sicher, wohin das während des Schreibens führen würde. Es gibt Partien in dem Buch, wo er mir fast entgleitet und wo ich ihn durch die Gegenfiguren, beispielsweise in seiner Heidelberger Zeit, auch richtig von mir wegstoße. Es gibt dann wiederum einen Schumann, vor allem den Düsseldorfer Schumann, zu dem ich eine ganz große Nähe empfinde. Jener Schumann, der mit dem Mariechen am

Rhein entlangspaziert. Für mich ist die wesentlichste Figur neben dem Schumann nicht die Clara, sondern der Klingelfeld.

Ist dies historisch verbürgt, daß da wirklich ein Pfleger im gleichen Raum schlief?

Ja, das ist im Tagebuch festgehalten. Aber es sind mehrere Pfleger.

Sind Sie auch auf Dokumente von den Pflegern gestoßen?

Nur von den beiden Ärzten. Aber die halten die Auskünfte der Pfleger in Zitaten fest.

Durch Klingelfeld werden die Szenen gebrochen, auch kommentiert. Dennoch hatte ich den Eindruck, daß dieser Figur mehr Eigenleben zugestanden wird als z. B. der Lily aus Waiblingers Augen, *die ja auch eine ähnliche Erzählfunktion besitzt.*

Ja ...

Beide sind ja mit großer Zuneigung beschrieben, zugleich geben sie dem Erzähler die Möglichkeit, sich den Figuren sozusagen in der Haut einer anderen, literarischen Figur noch einmal zu nähern, eine quasi fiktionale Koexistenz zu erreichen.
Kann man diese beiden miteinander vergleichen?
Waren die genannten die gewollten Effekte?

Sie verblüffen, Sie überraschen mich. Daran habe ich nicht gedacht, aber das ist sicher richtig. Ja, die sind schon zu vergleichen. Beide schauen in die jeweilige Szene, das ist richtig. Und sie geben mir die Möglichkeit, in die Szene zu blicken.

Auch hineinzugehen ...

Ja, auch reinzugehen. Wenn ich mich zu erinnern versuche, wie ich die Lily und den Klingelfeld beim Schreiben empfand, dann bewegen die sich allerdings ganz anders. Die Lily ist eigentlich eine Dauerpirouette, ganz schnell, der Klingelfeld ist eine ganz andere, vorsichtige, behutsame Bewegung. Aber in der Funktion sind sie wohl Geschwister. Da bin ich nie draufgekommen, nie ...

Das sind natürlich auch ganz andere Figuren. Im Grunde genommen ist die Lily ja, wenn man es böse sagt, auch ein pubertäres Zicklein, das ist ja schon vom Ansatz etwas ganz anderes als einer, der im Pflegerberuf steht, der sein Geld damit verdient, seine Existenz danach ausrichtet.

Ja, ja ...

Der Pfleger ist der, auf den man angewiesen sein könnte, Ängste werden laut: »Es kann sein, daß ich irgendwann einen Hüter benötige. In meinem Kopf werden die Stimmen heftiger, schriller.« Zugleich aber gibt sich der zu Behütende preis, indem er zugibt, einer zu sein, vor dem man sich hüten muß: »Ich trete ein«, heißt es in der Herzwand, *»folge ihm durch den Flur. Während ich dankbar auf seinen schmalen, bolzengeraden Rücken schaue, schäme ich mich meiner Gedanken: auch er ist vor mir nicht sicher.«*

Sieht man sich die Leben an, die Sie schreiben, so geraten diese alle – mehr oder weniger – außer sich.
In dem Film-Essay fragen Sie sich, woher diese Nähe zu den Randgängern, den Zerrissenen komme. Doch antworten Sie darauf nicht wirklich, Sie verweisen auf das Sprunghafte, auf das Auf und Ab zwischen Himmel und Hölle, auf ein Kind- und Verrücktsein. In diesem Pendeln verliert sich aber leicht das Gleichgewicht, die Mechanik wird zerstört, sie springen über die Grenzen, auch über die eigenen. In der Schilderung von Schubert geht das bis in die Motorik, aber auch in sein Verlangen, in andere Personen zu schlüpfen. Und: es sind Sprünge, die etwas mit Zerspringen, mit Rissen zu tun haben.
Woher diese Neigungen, Zuneigungen, woher diese Ängste?

Vielleicht, ich weiß nicht, hat das etwas damit zu tun, diesen letzten Schub, der meine Mutter aus dem Leben trieb, zu verhindern und andererseits auch das Interesse daran, an diese Grenzen zu gelangen, oder sie zumindest zu kennen. Ich nehme an, daß mir das, solange ich darüber schreibe, nicht passieren kann.

Sprachräume und Schreibwege

In der Lyrik wird zwar auch das Disparate – leise – laut, werden Schrunden gezeigt, dennoch hatte ich immer das Gefühl, daß das Ich, bei aller eingefangenen Disparatheit, doch bei sich ist. Ist es, wenn wir an das denken, was wir vorhin erörtert haben, möglich, daß das den Gedichten in besonderem Maß innewohnende musikalische Moment Freiräume wahrt, während die Prosa sich doch eher in Lebensräume und damit in Deutungsmuster, in Sinnfragen, in Orientierungszwängen verstrickt sieht? Was dann eben auch bestimmte Konsequenzen hat, auch über die Grenzen hinaus.

Ja, Freiräume ... Der Unterschied zwischen Prosa und Lyrik, sollte ich den für mich bezeichnen wollen, ist erst einmal der zwischen zwei Haltungen. Es ist komisch, ich denke erst einmal gar nicht an den Erzählraum, an die lyrische Bewegung, sondern an zwei verschiedene Haltungen des Schreibens und des Umgangs mit Wörtern. Wenn ich erzähle, setze ich für mich voraus, daß ich lange Zeit damit beschäftigt sein werde. Das heißt also, ich positioniere mich für einen größeren Zeitraum. Wenn ich ein Gedicht schreibe, schnurrt ein größerer Zeitraum, ein Gedanken- und Existenzraum, mit einem Mal zusammen. Während, wenn ich Prosa schreibe, dieser vorsätzlich ausgeweitet wird. Das sind zwei ganz unterschiedliche Haltungen. Ich schreibe eigentlich relativ wenig Gedichte. Und das sind – Summen ist etwas Falsches –, es sind eigentlich konzentrierte oder kondensierte Erfahrungs- und Erlebnisräume, denen plötzlich ein Satz, der erste Vers, schon genügt, während ich dort fünf Kapitel brauche. Das ist eine ganz andere Haltung. So unterscheide ich für mich auch das lyrische und das erzählende Schreiben.

Die Stimme des Erzählers ist für mich oft angstvoller – nicht ängstlicher …

Angstvoller, ja.

– angstvoller als in den Gedichten, obwohl ja einer von diesen Schubkästen »subjektivstes Genre« heißt. Dennoch habe ich den Eindruck, daß Ihr lyrisches Ich, eben in dieser kondensierten Form, eines ist, das die Apparatur unter, hinter sich hat, während der Erzähler für mich einer ist, der auch immer einmal erschrickt …

Ja, Ihr Eindruck ist absolut richtig. Das kann man auch ganz einfach sagen: In der Erzählung habe ich den Weg vor mir, und auch alle Ängste, ein Gedicht hat den Weg hinter sich. Also brauch' ich keine Angst mehr zu haben. So ist es in der Tat.

Ihr Prosadebüt war gleich ein Romanversuch, ohne Vorübungen in einer kleineren Erzählform, zumindest ohne veröffentlichte. Die Erzählung, so erläutern Sie später im Nachwort eines schmalen Sammelbändchens, liege Ihrem Zeitempfinden nicht, dann erklärten Sie, daß Sie die strenge Romanform nicht mehr interessiere. In Herzwand. Mein Roman *wurde eine Erzähl-Collage erprobt. Halten Sie trotzdem am Roman als der Ihnen gemäßen Dichtform fest?*

Was heißt Roman … Woran ich festhalte und was ich, glaube ich, von meiner inneren Redestruktur her gar nicht anders kann, ist das epische Erzählen. Der Roman ist als Gattung wahrscheinlich am wenigsten präzise zu definieren; während die Story, die Kurzgeschichte, die Novelle genau zu definierende Gattungen in der Literatur sind – die reichen mir nicht aus, um meine Empfindung von erzählter Zeit aufzunehmen, die sind zu eng dafür. Ich kann sie bündeln, so wie in der *Herzwand*, aber dann spiele ich damit, um mehr Zeit reinzukriegen.

1970 versuchten Sie sich mit Gilles. Ein Kostümstück aus der Revolution *im dramatischen Genre. Für dieses Theaterstück erhielten Sie den Gerhart-Hauptmann-Preis, vier Jahre nach Erscheinen wurde es aufgeführt. Weshalb blieb es bei diesem einen Versuch? Bei einem Autoren, für den der artikulierte Text-Klang, die Sprachmelodie und -rhythmik eine solche Bedeutung besitzt, müßte die Bühne doch ein geradezu ideales Medium sein.*

Da bin ich mir selber nicht ganz sicher. Vielleicht war es auch eine enttäuschende Erfahrung. Ich habe, nachdem das Stück den Gerhart-Hauptmann-Preis erhalten hatte, ziemlich lange warten müssen, bis es dann am Ernst-Deutsch-Theater in Hamburg zur Aufführung kam. Es war eine Aufführung, mit der ich nicht sonderlich glücklich war, da sie meine Intention nicht voll aufnahm – gut, das muß auch nicht sein. Ich hatte den Stoff angeboten, und es kam nix zurück, und das war eine Enttäuschung, darum vielleicht, vielleicht, dieser Enttäuschung wegen, hab' ich's erst einmal bleiben lassen.
Ich habe erst jetzt ein zweites Stück geschrieben, das hatte am 13. Dezember [1997] im Theater »Lindenhof« Uraufführung. Das ist ein alternatives Theater in der Nähe von Tübingen, mit dem ich viel gemacht habe.

Und welches Thema hat es?

Es heißt *Melchinger Winterreise*. Das Thema ist Fremde, zu Hause sein und auch nicht zu Hause sein, das Thema ist auch Sprache ... der Unterschied von Deka und Gramm. Es sind drei Handlungsstränge, die das gleiche, nicht dasselbe, meinen. Es ist einmal Schuberts Sterben, das spielt sich aber hinter'm Paravent ab, nur als Schatten, das ist Flucht und Flüchtlingskind und Sprachelernen, und das ist Fremde in der Heimat, die Geschichte meines Freundes Fritz Ruoff, des Malers. Das Ganze wird von Benjamins Engel der Geschichte, einem Engel mit abnehmbaren Flügeln, erzählt und kommentiert. Natürlich spielt die Schubertsche Musik eine Rolle, aber als Travestie einer Schubert nur erinnernden Musik für Ziehharmonika und Klavier.

Eine verrückte Mischung.

Ja ...

Lauterbacher Strophen

Das elektronische Tagebuch, *das in Finnland die Entstehung des* Schumann *für das Fernsehen notierte, beenden Sie mit Versen, die zweieinhalb Jahrzehnte zurückliegen, aus den vorhin schon zitierten* Novembergedichten:

> Das sechste Stück
> von Schumanns Kreisleriana
> ist bezeichnet
> »sehr langsam«:
> ich höre es lieber allein,
> ich höre es
> immer
> allein,

Diese Verse stehen in einem Kontext, der Einsamkeit beschreibt, auch vertane Gelegenheiten, zu dem der Film einen Punkt setzt, wo eigentlich ein Komma steht, der Satz weitergeht:

> und jetzt bin ich weit weg
> von denen,
> die
> meine Geschichte kennen,
> und mich aufsagen könnten,
> damit ich bleibe.

Wenn ich dann noch die Fünf Lauterbacher Strophen *aus dem Band* Horizonttheater *hinzudenke, dann wird wieder ein Abschied geprobt, dem allerdings das Fragende, Spielerische fehlt. Es ist Ernst geworden, der da anklopft,*

meint den endgültigen Abschied. Ich möchte ein Experiment wagen und Sie bitten, diese Strophen einmal zu lesen, auf daß wir uns auch Ihres Klanges versichern – und dann dagegenreden. Es soll bei diesem assoziativen Stadium bleiben, hier ist dies einmal möglich, muß nicht rund sein oder gar wissenschaftlich. Natürlich ist dies anfechtbar, manchmal wohl auch spinnert, wegschießend ... Vielleicht verträgt es sich mit der von Ihnen eingeklagten »schmutzigen Ästhetik«: eine »schmutzige« Rezeption.
Meine Unzulänglichkeiten trösten sich mit Fühmann: Das Gedicht ist stets weniger und mehr, als sein Schöpfer dachte. Und ich möchte Sie bitten, mir zwischen- und dreinzureden, dagegenzuhalten.

1 (Ostersee)

Gänseweiden und Fischgärten.
Die Berge spielen
ihr Horizonttheater.
Hier halte ich an
und lege mein Herz bloß.
In einem alten Mann
wiederhole ich
die vorangegangenen
Wege,
zähle die Gräser
bis ans Ende
der Zahlen.
Nichts wiederholt sich.
Hier bin ich wieder.
Der Tod von gestern
wird nicht der
von morgen sein.

Ein grinsendes, schauerliches, irres Bild, das einen gefangennimmt, das sich festfressen wird, sollte es einen mal wieder ins Gebirge verschlagen: »Die Berge spielen ihr Horizonttheater; [...] Gänseweiden und Fischgärten« geraten da zu verirrten, der naiven Malerei entlaufenen Miniaturen, ein Vor-Text, der darauf vorbereitet, den Blick jählings zu weiten. Wie einst Huberts Borsalino-Kauf, doch ist dies Bogies Gegend nicht.

Eine Landschaft wird skizziert, wird zugleich zur Bühne, unwirklich, und dennoch nicht zur Staffage degradiert. Das Ich tritt auf – nein: es war schon da, schaute, ging, denn nun hält es an und legt das Herz bloß. Was für eine Geste. Der Leib wird geöffnet, man sieht OP-Berichte von offen schlagenden Herzen, die indianischen Priester verfuhren so mit den zu Opfernden, nur das frische Herz in der Schale war gottgefällig. Diese paradoxe Ambivalenz, der man bei Künstlern immer wieder begegnet: simultan introvertiert und exhibitionistisch. Offenlegen, sich öffnen, ins innerste Afrika, ins Offene, Freund. Das Herz: Sitz des Lebens und Symbol für Gefühlstiefe, unzählige Sprichwörter, Reime und Plattheiten wurden darauf gemacht, Himmel und Hölle fressen es auf. Herzwand war der Titel des bisher bekennendsten Härtling-Buches. Die Nerven liegen blank, das Herz bloß.

»In einem alten Mann / wiederhole ich die vorangegangenen Wege« – das las ich schon einmal, ein wenig anders: »So halt ich an, ein Kind in einem Mann ...« Auch hier dieses Ineinanderschlüpfen, das haben nicht nur die literarischen Figuren zu eigen, so sind auch die Erinnerungsschichten und -geschichten, die wollen ineinander und gehen doch nicht auf, legen sich quer oder verschwimmen, manchmal wollen sie auch nichts miteinander zu tun haben.

Nachgeburt *heißt jener Text, an den ich mich erinnerte: Nachgeburt ist der Abfall, der dem größten Wunder, neuem Leben, folgt. Und doch Menschenfleisch. »Ich rieche, rieche Menschenfleisch« heißt's im Märchen gruselig; Menschenfleisch zu riechen aber ist für den Normalsterblichen nur in Ausnahmesituationen möglich: in Verbindung mit Schweiß, der ja auch positiv konnotiert sein kann, mit Erotik zum Beispiel oder anderer Körperlichkeit, meist aber in Verbindung mit Krankheit oder Tod. Nur die Parfumindustrie weiß diese Dinge zu nutzen, Menschenfleisch als Grundlage: als Rohstoff und als jener Stoff, auf dem sich, in Verbindung mit dem Körper geraten, der Duftcharakter in der Tat individuell entfaltet, es paßt ja wirklich nicht jeder Geruch zu jeder Person, da hat die Werbung schon recht. Doch schweift dies zu weit ab, obgleich Sinnlichkeit, zumal jene, sich ganz gut verträgt mit Sprache, dem Grundstoff der Dichtung, die ihre eigene Sinnlichkeit hat, klanglich, was ja auch stets körperlich ist, und metaphorisch.*

Nachgeburt*: Auch hier also ein Offenlegen, Bekennen, bis in die Körpersprache hinein. Einige Zeilen wurden schon zitiert, hier sollen sie noch einmal Raum bekommen:*

NACHGEBURT

So halt ich an,
ein Kind in einem Mann:
die falschen Worte hab ich alle schon verbraucht,
in falsche Tiefen bin ich leichtfertig getaucht,
in falsche Lieben hab ich mich verstrickt,
an falscher Hoffnung bin ich fast erstickt.
Was fang ich an,

ein Kind in einem Mann?
Ich reiß die Haut entzwei und schrei nach Leben,
ich fühle mich mir selbst zurückgegeben,
halte mich aus und geb mich hin
an das, was ich verlor und was ich bin:
das Kind in einem Mann –
wie fang ich an?

»Ich reiß die Haut entzwei« – und lege das Herz bloß. Doch ist die Nachgeburt *schon anders: Hier ist noch ein Zurück möglich, ein Anfang, die Lauterbacher sind Endstrophen, wie auch die anderen Gedichte in diesem Band. Dann plötzlich zwei Paradoxa: man kann nicht »bis ans Ende der Zahlen« zählen, »die vorangegangenen Wege« können* nicht *wiederholt werden; nichts wiederholt sich. Das Ich, das wieder da ist, hat Todeserfahrung und – ist ein anderer, aber nicht nur, weil »Der Tod von gestern [. . .] nicht der von morgen sein« wird.
Aber auch.*

Das ist enorm. Zwischen vorletzter und letzter Zeile, das ist es: Aber auch Endstrophen – so steht es ja geschrieben. Für mich war das zweite Lauterbach insofern auch eine aufregende Wiederholung, als ich hinging, um, was kaputt ist, noch einmal kontrollieren zu lassen: das Herz. Und diese Kontrolle war ein Gegensatz zur ersten, wo ich nur eine schreckliche Angst vor der Ermittlung des Katheders hatte – und ich glaube, das dringt in den Tonfall der ersten Gedichte schon ein ... Beim zweitenmal war das alles spielerischer. Da wurde eben gesagt, wir können da gleich etwas machen oder später, und auch das war spielerisch: das liegt in Ihrem Ermessen. Ich bin dann spazieren- und schwimmen gegangen, und hab's gelassen. Natürlich habe ich gefragt, wie lang das hält: Das hängt davon ab, wie Sie leben, wenn Sie nicht rauchen (lacht) usw. ... wenn Sie beim Essen aufpassen, wenn Sie Ihre Tabletten nicht vergessen ... Und ich hab' nie vorher und nie nachher so auf der Wippe gestanden und das Gefühl gehabt: Da stehst du, und wenn du da rübertrittst, rutschst du da runter. Und das ist genau dies, was hier drinsteht. Und ich finde es verblüffend – und schön, daß Sie die »schmutzige Ästhetik« erwähnt haben. Ich wär' da nicht draufgekommen – wie genau Sie diese Gedichte mischen, die von den Stationen her und dem, was an Zuversicht und Angst sich da mischt, beinah in Balance miteinander stehen, auch wenn das Gemisch dieser Stationen ein anderes ist. Diese beinah wüste Zuversicht in der *Nachgeburt* ist eine ganz andere, die ist viel leichter. Die hat kaum mehr ein Gewicht, das allerdings ist wunderbar.

2

Unter der Erdhaut
dieses schwere Tier,
die Endmoräne.
Bei Gewittern
regt sie sich,
mühsam, eingebacken
in einen irdenen
Traum.
In ihrem Schweiß
spiegelt sich der,
den sie begehrt:
der wechselnde Himmel.

Hier nun also eine ganz andere Erdenschwere: »Unter der Erdhaut / dieses schwere Tier, / die Endmoräne.«

Gaia und Hades, verschiedene Generationen in der Göttergenealogie, Gaia stammt aus der universalen, enzyklopädischen Zeit, Hades schon ein Spezialist in Sachen Underground, die da oben behelligen ihn nur selten, er verrichtet seinen Job.

Der Mythos von Gaia, der lebenserzeugenden und lebenstragenden Erde: Aus sich selbst kreißend gebärt sie Uranos, den Himmel, den künftigen Gemahl, den sie dann auf Geheiß des nächsten Sohnes, der zugleich Enkel ist und ein zu stürzender Tyrann und einer, der seine Kinder fraß, entmannen wird.

Ödipale und matriarchalische Strukturen von Beginn an, und beide sind mörderisch. Die Nachfolger: Eros und Tanathos.

Härtlings Randgänger sind auch Erotomanen. Unerfüllte. Aber: ein erfüllter Erotomane wär' ein Paradoxon. Endmoränen hingegen sind ein glaziales Phänomen: Doch wie verträgt sich Eiszeit mit Schweiß? Es gibt auch kalten Schweiß. Der tritt auf, wenn – doch dieser Schweiß ist triebhaft, ganz animalisch ist das Begehren. Die Enthüllung als Vorspiel, der Schweißausbruch nimmt Ekstase und Erschöpfung vorweg.

Die Endmoräne – ein Tier? Moräne könnte ein Tiername sein. Die Muräne jedenfalls ist ein ziemlich häßlicher Fisch. Das Tier aber regt sich erst bei Gewittern – Gewitter aber ist Unheil, eine Urangst.

Und, *oder:* Doch, *oder:* Denn *der, den die Erde begehrt, ist nicht von Dauer – und doch der Himmel. Oder wechseln nur die Liebhaber? Nichts hat Dauer, »alles, was entsteht, ist wert, daß es zugrunde geht«.*

Eingebacken – Doch von wem? Und wer träumte diesen Traum?
Landschaften, Gegenden, die sich bewegen, kennt man aus dem Traum, doch hier ist der Traum selbst die Kruste, der Kokon des Weibes, das sich »entpuppen« wird, wie auch immer.
Unter der Erdhaut, eingebacken – es ist auch ein Gegenbild zur ersten Strophe, zum Offenlegen.

Ja, ein Gegenbild ... aber: es ist auch das Bild, das drunterliegt, nicht nur Gegenbild. »Gänseweiden und Fischgärten« beginnt das, und »Unter der Erdhaut dieses schwere Tier« ist die nächste Schicht; ich hab' das auch so gesehen. Es ist die elementarste Schicht, das andere ist das Besiedelte. Das ist das Besetzte.

Und die aufgerufenen Mythologeme?

Das akzeptiere ich, auch in der Fortsetzung, in der Reihung, ganz und gar.

Hatten Sie die auch im Kopf?

Gaia, ja.

3 (Fensterbild)

Handtellergroß und
aus gebrannter Erde
ruht sie
auf der Fensterbank,
die kleine Seejungfrau.

Vor meiner Zeit
kam sie aus dem Wasser
und ging
ins Feuer.
Jetzt wiegt sie sich
mit den Gräsern
in ihrem Rücken.
Ich weiß,
nur einen Schritt
zu ihr hin
könnte
den Stein in meiner Brust
sprengen.

Fensterbild? Das schafft einen Rahmen, schränkt den Horizont ein, ist der Blick nach draußen, in ein Anderes. Doch schweift dieser Blick gar nicht so weit, er bleibt haften an einer handtellergroßen Keramikfigur.

Es ist die Seejungfrau, und die ist klein, wie uns schon der Märchentitel wissen läßt. So klein sie war, sie starb. An der Liebe. Doch ist jenes »Ich« nicht der Prinz, der Erlösung schaffen könnte, es sucht selbst Rettung. – »Vor meiner Zeit / kam sie aus dem Wasser / und ging / ins Feuer.« So aber endet das Märchen nicht, das wissen wir doch. Wohl mit dem Tod, was ihrer Seele verheißen wird, ist eine andere Geschichte. Sie opfert der Liebe – eine platonische Erotomanin. Nun: sie kann zaubern, hexen. Das können die Melusinen, die Undinen, die Nymphen alle, über diese Wasserfrauen gibt es viele Mythen und Märchen. Manche tauchen auch in Härtlings Texten auf. Andersens Märchen hat einen jener Schlußakkorde, der meinen Atheismus, der freilich trostlos und neidvoll ist, nur verstärkt:

Der kleinen Seejungfrau wird selbst nach dem Tode noch eine Prüfung auferlegt, und dies nur, weil sie nicht als menschliches Wesen in der himmlischen Statistik geführt wird.
Ein trostloses Leben soll getröstet werden, wo kein Trost ist. Ein versuchter Anfang, dessen Mißlingen tödlich war, eine mißglückte Metamorphose. Es gibt eine Deutung dieses Märchens, wonach der Märchendichter seine homoerotischen Neigungen im Bild bannen wollte, das Begehren, ein anderer zu sein als der, der man sein soll – »und ging ins Feuer« ... »die heimliche Liebe, von der niemand nichts weiß« ...
Hatten die Hexen des Wassers Probe nicht bestanden, was heißt: waren sie nicht ertrunken, so gingen sie ins Feuer. Die institutionalisierte Seite des Glaubens, die strukturierte Utopie endet in Inquisition.
Sie ging ins Feuer, ist nun aus gebrannter Erde, lauert so, auferstanden aus dem Keramikofen, diesem Krematorium für Terrakottianer, ein Zombie, auf dem Fensterbrett.
Der Tanz beginnt, »Gräser in ihrem Rücken«, doch darf ein Tänzchen nicht gewagt werden – die Sirene lockt, und keiner hat uns an den Mast gefesselt, der Stein in der Brust der einzige Halt. Doch ist dieser Anker eine Mine, kann die Brust sprengen, dieser ist nicht dazu geschaffen, vom Herzen zu fallen.
Wie nur verschuldete das Ich solcherart Strafe?
Es will hin zu ihr, sie endlich in den Arm nehmen, sie schützen, befreien, und mit ihr auch Božena, diese seejungfräuliche Schwester der Effi Briest.

Ich muß erst einmal die Realität dieses Bildes erklären, die »schweißtreibend« ist: Es gibt in Lauterbach für all die

Herzoperierten einen Ort, an dem sich die halbwegs Rekonvaleszendierenden jeden Tag zehn bis dreißig Minuten treffen, die Ergometrie. Da sitzt man auf Fahrrädern und dreht gegen Widerstände ... Dieser Raum befindet sich im Souterrain, so daß die vier Fenster direkt auf der Höhe des Erdbodens liegen. Da hat die ohnehin an sinnreichen Einfällen nicht sparende Leitung des Hauses eine Naturwiese belassen, eine wirkliche Märchenwiese, mit hohen Gräsern und Blumen und allem. Und: Auf dem Fensterbrett steht vor dem Rad, auf dem ich immer schweißtreibend arbeitete, diese kleine Seejungfrau aus Erde. Da entspann sich, bei meiner Schwäche für Melusinen und Undinen, ein ganz eigentümliches Sichtverhältnis, das hier einfach mitgeteilt ist, auch mit den Hin- und Herbewegungen. Aber zusätzlich, und das ist damals eine ganz natürliche Einsicht gewesen, bekommt das Herz, ist es erst einmal aus der Angst entlassen, daß man sich dauernd fragt: Geht die Pumpe noch, wie geht sie nicht?, die Konsistenz eines Steines, *Das kalte Herz*. Das hat mich erschreckt, und dieser Schrecken steht auch in diesem Gedicht drin, jenseits der Angst. Aber, wenn du nur einen Schritt machst, *dahin*, dann könnt' sie wiederkommen. Und immer nur diese Frist, nicht mehr, dann war sie weg.

Der Blickwinkel war ja nicht mitgeliefert, mein Blick war auf »normaler« Höhe. Da sind auch die Gräser dann viel entfernter, –

Ja. – Einmal habe ich versucht, kindlich wie man da so ist, wenn sich so etwas verfestigt, von draußen (lacht) ... den Rücken der kleinen Seejungfrau zu betrachten. Aber da kam ich mir dann lächerlich vor, da hätte ich ja auf allen vieren ...

Und warum sind Sie dann nicht doch einfach hingegangen? Die fiktiv-metaphorische ist doch eine andere als die reale Ebene.

Ja – und nein. Nein, das habe ich nicht gemacht.

Mein Text war dann doch sehr entfernt, ein eigener Text.

Ja, aber: zu Recht. – Was Sie hinzugefügt haben, hab' ich nicht wieder weggenommen, ich habe es nur auf den Nenner zurückgeführt. Der Nenner ist der Verlust der Angst und der Eintritt einer neuen, anderen Angst; dieses Herz, das mich nicht mehr beschäftigt, mich wieder beschäftigen könnte. Wenn – ...

Halten Sie ein solches Anderes, wie dies meine Reaktion war, dennoch für »stimmig«?

Ja, aber absolut. Nun bin ich da in dem Fall nie heikel – das ist ja keine »Interpretation«, sondern eine Reaktion. Und wie Sie auf Metaphern, Bilder, Zeilenräume reagieren, ist für mich wieder von Interesse, denn Sie bringen etwas ganz anderes mit. Deswegen kann es nur stimmen, und es stimmt insofern auch, als daß Sie fortsetzen, was Sie zu den ersten beiden Strophen assoziierten, und da muß ich sagen: mir näher, da stimmt's auch ganz ... Sie konnten das aber auch nicht anders, kein Mensch weiß das, nur die, die da mal geradelt sind, wissen, was da faktisch dahintersteht.

Božena?

Božena ist absolut richtig. Ganz und gar richtig, das hat mich sehr bewegt, was Sie da gesagt haben.

4

Fang an,
Regenfäden zu flechten.
Das Gebirge weicht
zurück,
und unser Zeitalter
braucht seinen Vorhang.
Die mit der geteilten Brust,
ahnungslos
dem alten Atem trauend,
bekamen die Finsternis
eingenäht, das schwarze Herz.

Dies ist natürlich wieder sehr eng mit der körperlichen Erfahrung, die mit dieser Landschaft zusammenhängt, »verflochten«. Und doch: Das Bühnenbild wird wieder aufgegriffen.

Ja, das ist ganz richtig.

»Es regnet Bindfäden« ist eine Redensart; flechten lassen sich diese Fäden natürlich nicht. Das Rätsel ist für den Leser, nicht an das Ich gestellt: Fang an. *Das wird so hingeworfen, ein Sphinx-Rätsel, für das selbst Ariadne keinen Rat weiß, ein Anfang, der schon im Vorhaben auf Scheitern programmiert ist. Also gibt es auch keinen Preis.*
Ein Gebirge kann nicht zurückweichen, das ist optische Täuschung, wie wir wissen, es wartet hinter der grauen Regenluft. Berge werden höchstens aus Glaubensgründen versetzt. Inzwischen ist dies gar nicht so transzendentiell, wie es anmutet: wenn der Berg lukrativ ist, reicht

auch der Glauben an die Marktwirtschaft – er wird dann abgebaut.
Für Marx geht auch der kapitalisierte Mensch im Tauschwert auf. Die Pflegeversicherung ersetzt den Pfleger: Klingelfeld & Zimmer GmbH & Co KG. Tauschwert ist längst alles, das Surrogat wird zum Wesen, auch die sich breitmachende Beliebigkeit kann tödlich enden. In der geteilten Brust hat die Sprengkraft des Steins wohl das ihre getan, das Herz ist nun bloßgelegt.
Unser Zeitalter braucht seinen Vorhang, wieviel »Vorhänge«, diesen Frequenzmesser für Showbiz-Erfolg, wird es bekommen? Und von welcher Art wird sein Showdown sein?

Jetzt sind Sie wieder ganz nah. Auf solche Metaphern kann man ja auch reinfallen. Daß Sie die Unsinnigkeit, und zwar die programmatische Unsinnigkeit des Regenfäden-Flechtens so ganz präzise ausdrücken ... Ich hab' diesen ersten Zyklus vor einiger Zeit einmal vorgelesen, und da haben, als wir zusammensaßen, zwei Frauen, die über dieses Bild gar nicht wegkamen, das Flechten ganz ernstgenommen. Die meinten: Ja, die Regenfäden verflechten sich ja auch, wenn der Wind usw. ... Das ist aber der Widersinn selber, was da ausgedrückt ist – das haben sie dann erst begriffen, nachdem ich's ihnen gesagt habe. Die wollten das Bild einfach harmonisieren, schönmachen. Es ist ja im Grunde ein ganz freches Bild, Sie haben's eben gleich gemerkt.

Für die letzte Strophe ist, glaube ich, der Klang sehr wichtig.

5 (Milena)

Möwen können überhaupt nicht
verzollt werden,
schrieb Milena an Willi,
aber hier
haben gestern früh
schwarze Jäger
den Graugänsen
den Garaus
gemacht.
Und andere,
denen ich schon lange mißtraue,
schüttelten Buchstaben
aus meinen Büchern.
Ja ja ja.

So geht es eben zu, so geht man eben um. Was sich in Fischgärten und auf Gänseweiden nicht domestizieren läßt, muß zusehen, wo es bleibt. Auf der Strecke, da, wo der Pfeffer wächst.
Wo auch die meisten Texte landen werden.
Doch dieses »Ja ja ja«? – Ein Greisenmurmeln, ein Irrsinnskichern, ein Hilflosgestammel? Es widersetzt sich mir, es bricht, der Klang unterstreicht diesen Bruch, es fällt heraus.

Da gibt's ganz bewußt versteckte Perspektiven, und manches wird zum Bild, was dort schlicht und einfach geschah. Ich habe in jener Zeit die Briefe von und an Milena gelesen. Das waren Briefe der Milena Jesenská mit ihren Freunden, die war ja nicht nur mit Kafka befreundet, sondern auch eine bedeutende Journalistin. »Möwen können

überhaupt nicht verzollt werden«, hatte sie an Willy Haas geschrieben. Ein Satz, an dem ich überhaupt nichts verändert habe, ein Satz ihrer Sehnsucht. Ich empfand die Sehnsucht, bald wegzukommen, auch. In dieser Nacht, in der ich das las, war auch dieser unbeschreibliche Wirtschaftsminister da, mit seiner Malaria, und der hatte als Behüter in dieser wunderbaren Gegend auch drei Leibwächter dabei. Ich wachte am frühen Morgen, so um fünf, von Schüssen auf. Ich war wahnsinnig erschrocken. Ich hatte ein Zimmer, das ebenerdig lag, und davor war so ein Balkönchen aus Holz; ich ging raus und sah, wie schwarz angezogene Jäger mit dem Boot über'n See gekommen waren und die kanadischen Graugänse schossen. In dem Moment stürzten drei Figuren (lacht) aus dem Zimmer vom Minister – die dachten wohl, daß sich da ein Attentat anbahne, und das war dann schon wieder so komisch, daß ich mich darüber vergnügt habe.
Aber plötzlich riß zu dem Satz »Möwen können überhaupt nicht verzollt werden« dieser Widerspruch auf, denn die Graugänse, die von weither kommen und auf den Wiesen weideten, wurden umgebracht. Das war wieder dieselbe Konstellation: Ganz nah nebeneinander. Für mich kam dann hinzu: dir geht es eigentlich dauernd so ... Und da dachte ich an die Brechtschen Graugänse: »Ja ja ja«. Das Gedicht endet ja so – und dann Eislers Stimme: »Ja ja ja«.

Ja, das hat mich irritiert, das paßte nicht zu Ihrem Klang.

Ja ja ja – nein nein nein. Das müssen Sie wirklich hören (spielt die Eisler-Fassung vor).

Beim Hören Eislers schwingt aber noch mehr mit – es ist eben nicht nur nicht der Härtlingsche Tonfall.

Ja, natürlich, ist er ja auch nicht – aber: dieser Ton muß schon rein. Ich habe da auch gesucht, das war nicht gleich da, obwohl die *Graugans* schon da war. Das war klar, daß diese Geschichte des Tötens, des auch heimlichen Vernichtens, auch mich treffen muß, und daß dann sozusagen auch diese Buchstaben aus den Büchern fallen –

Gerupfte Gänse –

– und dann hab' ich das richtig gesehen, und da kam dann die Gegenbewegung, da hab' ich den Eisler lachen hören – »ja ja ja«.

Das ist ja schon paradox, der Stein, der da gesprengt wird –

Ja! Das ist aber nicht bewußt, überhaupt nicht. Am Schluß fliegt sie ja eben wieder, nachdem der sie »net g'fressen hat ...« Als ich wieder zu Hause war, da hatte ich das schon geschrieben, habe ich es mir angehört, und: es war richtig.

Als Leser bekommt man den hintergründigen Witz der Geschichte aber nicht mit.

Nein. Es sei denn, ich lese es –

Dann hört man's.

Ja, dann hört man's.

Doch ist dieser – ohnehin sehr versteckte – grinsende Ton die Ausnahme. Die Texte wiegen schon schwerer, thematisieren auch den letzten Schritt. Eine Rezension zu diesem Band müßte man vielleicht überschreiben werden mit Endstrophen, erdenschwer ...

Ja, das hat meine Frau sehr schnell auch rausgelesen. Das hat auch damit zu tun, daß in dem Jahr ein paar Menschen, die mir nah waren, gestorben sind: der Mann meiner Schwester, und, da gibt es ein Gedicht auf Aila [*Kivisaari-Gedichte* – J. K.]: eine Finnin, eine wunderbare Frau voller Wissen, voller Kenntnisse, beinah unfaßbar schön, auch für die Mechthild, die fuhr mit einer russischen Geigerin an den Baum – und war tot. Mit sechsunddreißig Jahren. Tiefschläge ... Und ich habe da nur an diesen Gedichten gearbeitet, an sonst gar nichts. Und dann kam noch diese New-York-Reise, diese Schlußgedichte ...

Der ganze Band ist ja im Grunde auch als so eine Art Reise-Tagebuch lesbar.

Ja, ist es auch.

Wieder die Bewegung ...

Ja. Das Flüchtlingskind ...

Aber eines, das sich aufgehoben weiß, das schon.

Ja, sehr.

Tabu- und Knochenbruch. Vom Ende der Utopie

Wir haben über Ihre Gewalterfahrung als Kind gesprochen; Gewalterfahrungen macht wohl jedes Kind. Gewalt und Kämpfe unter Kindern dienen dazu, Gruppenzugehörigkeiten und Hierarchien auszumachen. Als ungeschriebene Regel galt bisher, daß in beiden Fällen der Verlierer und der Feigling als solche zwar gebrandmarkt, aber dann doch in Ruhe gelassen wurden, auch wenn die Ruhe der Eingliederung stets schnell in eine der Ächtung kippen konnte. Ein im Grunde anthropologisches Prinzip. Nun ist das Klagen über die »heutige Jugend« ein jahrtausendealtes Alte-Herren-Geschwätz, doch gibt es schon Anzeichen, die beunruhigen: Gewalt wird gegenwärtig zweckfrei, wird zum puren »Fun«, der zu Boden Getretene wird am Boden weiter getreten, unter dem einkalkulierten Risiko, daß irreparable Schäden an Körper und Seele des anderen entstehen – nein, einkalkuliert ist falsch: darüber wird noch nicht einmal nachgedacht. Damit werden Tabugrenzen eingerissen, weggewischt, und wohl auch Mentalitäten verändert. Eine Tatsache, die in den Kriminalitätsstatistiken ihren Niederschlag findet und die man nicht darauf schieben kann, daß dies nur die Medien aufbauschten, obgleich die Medien für diesen Prozeß eine wichtige, wenn auch andere Rolle spielen.

Nun kann man viel einwenden, etwa, daß dies das Prinzip jeglichen Folterknechtes seit Jahrtausenden ist, doch gehörte dieser Bereich zum einen der Erwachsenenwelt an, zum anderen war jener Zustand sanktioniert und »zweckgerichtet« als im Dienste irgendeiner »Sache« stehend, was jetzt keine Relativierung des Grauens sein soll. Auch ist Sadismus wohl jederzeit abrufbar, ob im Römischen oder III. Reich, in Kambodscha oder Jugoslawien, und dient stets nur der Befriedigung des eigenen Irrsinns.

Doch bei allen Einwänden, die da möglich sind: Was in dieser Gesellschaft zur Zeit stattfindet, ist meines Erachtens ein in alle Sphären greifender Prozeß der Enttabuisierung, kulturell, sozial, politisch. Und dies, nachdem beide deutsche Staaten über Jahrzehnte hinweg auf ihren Ausgrenzungen beharrten: Im Westen genügte die einfache Formel Kommunismus – Totalitarismus, wobei man sich zwar selbst als Erbe eines totalitären Staates verstand, sich mit einer wirklichen Auseinandersetzung aber schwertat. Das im Osten viel rigidere, bis ins Absurde abgleitende Insistieren auf Alternativlosigkeit resultierte wohl unter anderem auch daraus, daß die der Emigration, den KZs und Gefängnissen Davongekommenen vor allem eine Erfahrung mitbrachten, die dann die kommende Generation auszubaden hatte: Schon ein geringer Fehler kann Tod bedeuten, also: Wo ist dein Platz auf der Barrikade, bist du für uns oder gegen uns? Bis hin zu dem grotesken Zirkel: Bist du für oder gegen den Frieden? Und wenn du für den Frieden bist, dann verpflichte dich für eine längere Wehrdienstzeit. Und damit wurden Differenzierungen verlernt.

Vielleicht ist auch deshalb Tabubruch noch immer und fast ausschließlich positiv belegt, wird gar als innovativ gefeiert; ich glaube, das hat eine lange Tradition, von der Aufklärung bis zu den 68ern. Wuchs doch aus dem Brechen von Tabus, aus dem Ausbrechen aus Konventio-

nen – und dies hat ja unter anderem auch mit Literatur zu tun – in der Tat über lange Zeit Fortschritt, vom Brechen kirchlicher Dogmen bis hin zu Demokratisierungsprozessen oder einer freier ausgelebten Sexualität. – Verdrängt werden dabei die Konsequenzen des Tabubruchs der ganz anderen Art.
Hängt dies vielleicht damit zusammen, daß trotz allem – modischen und verplapperten, aber auch ernsthaften und angebrachten, jedenfalls: häufig anzutreffenden – Pessimismus sich etwas abgekoppelt hat vom inzwischen doch verpönten Glauben, daß Entwicklung gleich humane Höherentwicklung sei, und als eine Art Mentalitäts-Stream weiterexistiert und damit der Tabubruch, wobei Tabubruch und Ausbrechen aus Konventionen sicher genauer unterschieden werden müßte, dennoch: der Tabubruch erst einmal prinzipiell gutgeheißen wird, als von vornherein positiv zu bewertendes Ereignis?

Sie sind da auf der ganz richtigen Spur, darüber grüble ich schon seit längerem nach. Das hat tatsächlich mit der ausartenden und allmählich verendenden Aufklärung zu tun. Und dies wiederum hat einen Grund: Tabuauflösung oder Enttabuisierung haben nur dann Sinn und Erfolg und wirken weiter, solange es sehr genau durch Dogmen, Ideologeme, Geschichte umschriebene und verfestigte Tabus sind. Da war es, meines Erachtens, fast ein Naturgesetz, und die Aufklärung hat es beinahe auch so verstanden, ein Tabu aufzubrechen ... Dies führte dazu, und da beginnt eigentlich die Geschichte vom Heil und Unheil der Aufklärung, daß es Tabus als hemmende Hindernisse für die Entwicklung des Menschlichen nicht mehr gibt. Aus diesem Grunde gibt es auch keine gesellschaftliche oder institutionelle Kraft mehr, die neue Tabus setzen kann. Kein Staat kann das mehr, keine Kirche, keine Glaubensgemeinschaft. Vielleicht die Fundamentalisten. Die Aufklärung hatte für etwas gesorgt, was uns allen einleuchtete und uns vielleicht sogar erleuchtete: Vernunft, Gewissen, Moral und Ethik warfen, gewissermaßen nebenherlaufend, sich berührend, ein Muster, auf das man reagieren konnte. Die Moral war nach dem Beginn des Erschlaffens der aufklärerischen Ideen, wenigstens zu Teilen, noch immer eine religiöse Substanz. Die Ethik war und ist in ihren Restbeständen eine kulturelle. Es ist eine Entwicklung, die aus der alten Philosophie bis auf uns kommt, von den Vorsokratikern bis heute. Diese beiden Elemente, die der Aufklärung dienten und nützlich waren, werden durch einen postaufklärerischen Zynismus absolut außer Gefecht gesetzt. Der Moralist wird heute, und das ist eine mich zutiefst kränkende Formel, von der FAZ wie von der taz als »Gutmensch« bezeichnet. Es ist abscheulich. Ethik gibt's, genaugenommen, nur noch berufsspezifisch, als Philosophem längst nicht mehr. Also hat da die Aufklärung wirklich alle Kraft verloren. Was dem folgte, und das bleibt für mich streckenweise rätselhaft, ist ein Prozeß der Grenzaufhebung.

Aber eben nicht der Entgrenzung, die, siehe Faust, *ja einem zunächst positiven Antrieb folgte.*

Es gibt einen alten Begriff, der sich heute geradezu lächerlich anhört und auch lächerlich gemacht wird: Schamgrenze –

Ein eindeutiges Kennzeichen von Irrsinn ist der Verlust eben dieser . . .

– Scheu. Das heißt, daß der Körper seine durch Philosophie oder Religion verliehene Schutzhaut verloren hat. Und das, was die Aufklärung den Menschen wirklich geschenkt hat, die Würde der Individualität, ist auf's schrecklichste zum blanken Egoismus geschrumpft.

Aber genau das wird ja positiv bewertet. Im Grunde ein Kippen der Anthropologie auf das Zoon, nicht auf das Politikon.

Und damit ist auch der Schutz zwischen den Ichs fort. Das Individuelle ist nur noch das Ego. Warum die Gewalt heute zum Alltag gehört, muß man sich eigentlich nicht fragen. Latent ist die Gewalt immer dagewesen, immer. Sie war nur häufig gedämpft und niedergehalten, nicht nur durch Moral und Ethik, sondern schlicht und einfach durch gesellschaftliche Absprachen, genauso wie Ängste, die von den Moralisten und Ethikern auch notwendigerweise geschürt wurden. Vorsorglich. Die Gewalt, so wie sie heute aussieht, resultiert aus nichts anderem als der Erkenntnis, daß der andere so schutzlos ist wie ich – ich bin aber der erste, der das ausnutzt. Damit ist den Schlägern, Mördern und Verfolgern, die vorgeben, ethnisch zu reinigen, genauso das Tor geöffnet wie den Skins und anderen Jungs hier, die im Grunde nichts anderes tun, als ihre Angst vor dem möglicherweise anderen, stärkeren Ich schneller stark zu machen. Anders sehe ich's nicht. Dennoch ist es mir nicht ganz klar, wie weit hier der Einfluß der Medien geht. Ich weiß es wirklich nicht. Vielleicht ist das doch nichts anderes als die Gesellschaftsleere – oder -lehre – des Augenblicks, die nichts anderes bedeutet als: Wer nichts hat, ist nichts. Also guck, daß du was hast. Und mit welchen Mitteln, mit welchen Folgen und mit welchen Verlusten, hat dir egal zu sein. Vielleicht reicht das schon als Movens, als »Beweg«grund.

Aber es ist eben ein – nennen wir es: – Mentalitäts-Stream, daß Tabuverletzung über Jahrhunderte eher etwas Positives war, etwas, das die Menschen freier machte. So daß sich eine merkwürdige Eigendynamik entwickeln konnte und es gilt, Tabubruch erst einmal zu begrüßen, will man nicht außen vor sein, und manchmal eben auch irrsinnigerweise.

Ja – die sechziger Jahre lebten noch von Tabuverletzung, in der Sexualaufklärung, in allem. Das kippte aber.

Eben. Ich sehe die gegenwärtige Tabuentgrenzung als einen Prozeß, der alle sozialen Klassen und Schichten einbezieht, vom intellektuellen Ästheten bis zum um sich prügelnden Analphabeten, der alle Erfahrungsbereiche nicht nur berührt, sondern umstülpt. Der Vorgang beunruhigt mich um so mehr, als ich in der DDR gelernt habe, auf solche Zeichen aufmerksam zu hören. Denn dies war ja das Prinzip der intellektuellen Auseinandersetzung mit diesem Staat – natürlich: sofern man davon überhaupt reden kann, es waren oft genug eher Listigkeiten, durchaus auch renitente Listigkeiten –

Ja, das schon.

– aber eben kaum mehr, denn die Grenzen wurden schon schnell und konsequent gezeigt –, aber es war eben ein Prinzip, das dieser Staat mit seiner heute kaum noch zu glaubenden Angst vor dem Wort selbst entwik-

kelt hatte: War erst einmal etwas gedruckt, so wurde es zitierfähig und zu etwas, auf das man sich berufen konnte – die Spielräume waren geweitet. Diese dienten sozusagen als Gemarkung für weitere Vorstöße, für die Eröffnung weiterer Freiräume. Und genau dies geschieht gegenwärtig. Nur mit ganz anderen Vorzeichen: Da wird mit Aids oder einem Leichentuch geworben, Gewaltdarstellungen werden mit immer weniger Scheu multimedial und ganztägig unter's Publikum gebracht, die Schmerzgrenzen bis zur Abstumpfung geweitet – noch nicht einmal mehr Verdrängung, ohne die wir alle nicht überleben könnten, nein: Abstumpfung der Masse bis zur Mitleidslosigkeit, auch zur Mitleidslosigkeit gegenüber sich selbst als Voraussetzung für den Terror gegen andere.
Daraus kann nur Brutalität erwachsen.

Mir gehen gerade zwei Ikonen, zwei Tote, Heilige dieser Tage – ich sage ausdrücklich: dieser Tage – durch den Kopf: Mutter Teresa und Diana. Wobei beide nichts anderes sind als momentane Zielpunkte von Massenemotionen. Das Eigentümliche bei der Diana ist, daß hier wirklich eine Frau angebetet wird, die in ihrer Existenz zwischen Yacht und Schloß eine existentielle Nutzlosigkeit vorführte: Nichts tun, das Ich pflegen ... Aber dennoch hatte sie offenkundig tatsächlich, auch ohne Öffentlichkeit, einen sonderbaren Hilfstrieb. Und genau dieser Trieb, gegen Landminen einzutreten, lepröse Kinder zu streicheln, Aidskranke zu umarmen, der interessiert mich: Ist das jetzt, was sie da tat, sozusagen eine Art unbewußter Ablaß für die Nichtigkeit dieser Existenz, oder, und jetzt sind wir bei dem Punkt, bei dem wir vorher waren, oder brach diese Frau auch Tabus für sich selber? Dann bekäme diese Ikone

nämlich keinen goldenen Hintergrund, sie bekäme plötzlich Raum. Nur: diese Leute, die diese Ikone anbeten, hat der widrige, eiskalte Egoismus, der ohne Zweifel ein Stück dieses Lebens war, nie gestört. Der hat ihnen sogar besonderen Eindruck gemacht, denn das war der Identifikationsraum, der Wunschraum, die Hoffnung. In der Menge scheint noch immer eine eigentümliche Sehnsucht nach Schmutz und Wärme und Tabusprengung dazusein, denn sonst wäre diese, mir völlig unbegreifliche Massenanbetung gar nicht möglich gewesen – daß sich eben dieses königliche Ego auch beschmutzen konnte und wohl auch wollte.
Da ist was dran, was mich zwar nichts hoffen läßt, denn die ökonomische und politische Entwicklung führt ganz woanders hin, was aber als retardierendes Element vielleicht noch dasein könnte: es ist noch immer etwas ansprechbar in uns allen. Unterschiedlich. Wie weit das geht, oder ob das, vor allem bei uns halbwegs vermögenden Westeuropäern, nicht nur der Ablaß des schlechten Gewissens ist, das weiß ich nicht zu sagen. Eines ist ganz sicher: Wenn dieser Prozeß der Vereinzelung ohne ethischen und moralischen Schutz so weitergeht, dann beginnt das Zeitalter der Wölfe übermorgen.

Daß dies viel mit Ablaß zu tun hat, würde ich bei der angesprochenen Mutter Teresa auch denken. Bei Diana war es doch eher der klassische Starrummel: ein Ersatzleben für die eigenen unerfüllten Sehnsüchte, ein Surrogat, eine Projektion, frei von diesen ganzen, auch ökonomischen Banalitäten. Und wenn diese Projektion dann zerstört wird, wird auch und noch selbst die Trauer projiziert.
(Außerdem war es ohnehin die Queen, die dieses lästige Problem per Geheimdienst zu lösen trachtete ...)

(lachend:) ... So zynisch kann ich nicht sein.

Aber etwas ernsthafter: Das hat doch eher mit dem Brechen von Konventionen, aber nicht mit Tabus zu tun ...

Diese Korrektur ist richtig, ja.

Welche Gemeinsamkeiten, welche Unterschiede sehen Sie zu jenen Frei- bzw. Leerräumen der zwar terroristischen, doch paradoxerweise zugleich gesetzeslosen Kriegsend- und -nachzeit, in der ja auch Konventions- zu Tabugrenzen wurden oder verschoben oder aufgehoben waren?

Da gibt es so gut wie keine: Es gab noch keine Gesetze, es gab noch kein Grundgesetz. Wir alle hatten, ganz unterschiedlich, gelernt, auch das Wölfische aus uns rauszulassen. Jeder nahm, was da war, und jeder gab so wenig, wie's nur ging. Andererseits entstand unter dieser Kälteglocke ein Wunsch nach Wärme, nach Nähe und Nachbarlichkeit, dem dann allerdings auch oft widersprochen wurde. Aber es wäre anders gar nicht denkbar gewesen, Millionen von Menschen auf engstem Raum zu integrieren, ohne daß es zu Mord und Totschlag kam. Mißtrauen, Mißgunst, Gemeinheit, Betrug, das alles hat es gegeben, am Ende aber arrangierte man sich: Es gab nur bedingten Neid, er war ein Kümmerling zu jener Zeit. Ich frage mich oft, ob der nicht der Grund aller Bösartigkeiten ist, die uns heute plagen. Es war nicht gerecht verteilt, aber die meisten hatten eigentlich wenig.
Der Egoismus, wie wir ihn heute pflegen, ist ein Amalgam aus Sattheit und Besitz. Mir scheint, daß wir, je mehr wir über technische und technologische Hilfen verfügen, desto

weniger wir für ein Gemeinwesen geeignet sind. Leistung und Besitz vereinzeln den Menschen, drücken ihn immer wieder auf sich zurück: Ich will haben, will, muß der Erste sein. Daß dann in einer solchen Zuspitzung des Besitzgierigen-Individuellen auch Altruismus aufbrechen könnte, ist meines Erachtens eine Aufgabe auch der Lehrer, auch der Eltern, tatsächlich auch der Politiker. Da aber auch hier im Westen Strukturen draufgehen, die bisher die kleinen Lehr- und Brutstätten des Altruistischen waren, wie Familie usw., fällt auch das weg, auch da ist nur noch der knallharte Zug der leistenden Besitzer oder der besitzenden Leistenden.

Ich las vor geraumer Zeit in einer großen Hamburger Schule, einem katholischen Gymnasium, auf Wunsch der Abiturienten aus der *Nachgetragenen Liebe.* Danach gab es eine Diskussion, wie ich sie ganz selten erlebt habe: Über Schweigen. Ganz beklemmend. Ich ging dann, begleitet von der Schwester Oberin, vor die Schule, und plötzlich kam eine vielleicht achtzehnjährige junge Frau auf mich zu: »Es ist gut, daß darüber gesprochen wurde –«, und ihr stürzten die Tränen ... Was konnte ich da noch machen. Und dann, draußen, erkundigte ich mich nach ihr, ob sie zu Hause leide. Daraufhin sagte diese katholische Schwester, ungeheuer offen, und auch traurig-zynisch: »Wissen Sie, Herr Härtling, zu uns werden natürlich vor allem Kinder geschickt, deren Eltern Geld haben, es ist eine Privatschule. Und das sind alles Prestige-Kinder. *Ein* Kind muß man in dieser Gesellschaftsschicht haben, zwei nicht. Und dieses eine Kind da hat geweint.«

Staatswesen wie die unseren, die Demokratie praktizieren und große Freiheiten zulassen, sind durch die Ideologeme, die sie selber schaffen, in hohem Maße gefährdet. Etwa durch diese Verbindung von Besitz von Freiheit und

Leistung von Freiheit: Wenn ich besitze, nehme ich mir natürlich die Freiheit, meinen Besitz mit allem Nachdruck und gegen alle zu verteidigen; natürlich bin ich so frei, wenn ich leiste, meinen schwächeren Nachbarn an der Arbeitsstatt zu drücken – oder zu vergessen.

Aber ist es denn nicht auch so, daß, wenn man, auch und vor allem vom Materiellen her, eine gewisse Ebene erreicht hat, dann auch nicht mehr so unmittelbar egoistisch sein muß, bestimmte Dinge einfach viel lockerer und gelöster sehen kann?

Das ist schon richtig. Es geht auch von einer Stufe her, wo man etwas geleistet hat, mit dem man identisch ist. Das ist ja meistens nicht der Fall.

Entfremdete und unentfremdete Arbeit ...

Sonst bleibt eine Unzufriedenheit. Wir wohnen hier im Grunde in einer sehr feudalen Umgebung, wohnen selber auch sehr wirtlich, ich nehme aber an, daß hier ganz wenige zufrieden sind mit dem, was sie haben – man muß ja auch seine Leistung zeigen, das heißt, auch das ist wieder anstrengend. Es ist furchtbar ... Arbeit ist im Moment absolut eingeengt und fast zur Karikatur zugespitzt in dem Begriff Leistung, der wird von den westeuropäischen Gesellschaften im Augenblick ja akzeptiert.

Leistung als Erfolgsfetisch.

Ja. Wenn dieser Begriff zusammenkracht, steht uns noch etwas bevor. Er wird immer hohler werden, und wir haben keinen Ersatz.

Eine der Merkwürdigkeiten der Nachwende-Zeit war die besonders häufig von Westdeutschen gestellte Frage nach dem »Bewahrenswerten«, und da war nicht nur die Kunst gemeint. Es war ja ein wirklich bitterer Erkenntnisprozeß, daß alles, alles sich im Grunde nur als Surrogat des Surrogates herausstellte, selbst der offensive Antifaschismus hatte seine Schmutzecken. Das einzige war vielleicht wirklich, daß Geld keine Rolle spielte, was dann, tatsächlich und nicht nur von außen gesehen, eine besondere Art des Umgangs miteinander hervorbrachte. Das hatte natürlich auch sehr nüchterne Gründe gehabt: man konnte mit Geld nicht allzuviel anstellen, das waren Nuancen im Unterschied, keine Welten. Was da möglich war – Datsche, zweiter Lada, gefliestes Bad –, das interessierte vor allem gerade die jüngeren Intellektuellen herzlich wenig.

Aber die DDR ist gerade daran kaputtgegangen, daß Geld eine große Rolle spielte und zwei Währungen.

Ja, das kam schon dazu. Geradezu eruptiv, als es dann kippte: plötzlich waren es eben Welten, *die sich öffneten – oder eben verschlossen. Wolfgang Hilbig meinte im Zusammenhang mit seinem Deutschland-Wechsel einmal, daß ein wesentlicher Unterschied damit anfange, daß man sich die dreißig DDR-Mark für die Miete notfalls vom Nachbarn borgen konnte, die nun benötigten achthundert nicht. Als die Grenzen dann offen waren, ist das ganz schnell gegangen, was auch logisch war: Alle wollten die D-Mark, und das möglichst schnell – zum Reisen beispielsweise braucht man halt eine konvertible Währung, und die D-Mark hat eben Konsequenzen. Alles andere ist geradezu grotesk naiv, und das*

war es ja oft genug. Die Zeit des retardierten Neides war vorbei.
Die aktuellen Wirrnisse haben meines Erachtens neben dem ökonomischen aber auch einen mentalen Aspekt. Dieser immer wieder weggewischte und lächerlich gemachte Vergleich der heutigen Situation mit der Weimarer Republik hat, ganz besonders mit Ostblick, schon eine ganze Menge für sich und auch mit dem eben Besprochenen zu tun: Der Zusammenbruch des monarchistischen Systems hinterließ für die Weimarer Republik eine Wertelücke. Gar keine Frage, daß jenes Wertesystem auf vielen Gebieten überholt und unsinnig war, es entstand aber ein Vakuum, das die Weimarer nicht füllen konnten, und ein Unter- ist bekanntlich genauso gefährlich wie ein Überdruck. Der König von Gottes Gnaden gerierte sich stets, als habe seine Ordnung die Ewigkeit gepachtet. Historische Mission hieß das in der DDR, und womit sonst als mit monarchistischen Strukturen sollte man dieses System vergleichen, das das Wort Diktatur mit Stolz führte. Und: Es gab sehr strenge Konventionen, auch diese oft absurd. Und der Westen? Der ist gerade dabei, sich von für Selbstverständlichkeiten gehaltenen Zuständen zu verabschieden.
Es wird ja oft so getan, als sei dies ein durch die Wiedervereinigung speziell deutsches Problem, es ist aber ein alle europäischen Industriestaaten betreffendes. Zudem konnte der westdeutschen Industrie gar nichts Besseres passieren als die Öffnung der Ostmärkte – allein wenn ständig von Ost-Subventionen die Rede ist, dann darf man wohl davon ausgehen, daß der Hauptteil an Westunternehmen ging. Was auch ganz logisch ist, denn nur die hatten ja die Voraussetzung: Eigenkapital.
Diese diffuse Ost-West-Spannung, die es noch immer

gibt, ist meines Erachtens aus der Westperspektive gesehen unter anderem eben jenem Irrglauben der ostverursachten Wirtschaftsmisere geschuldet; im Osten ist es wohl vor allem die Alltagserfahrung. War es schon immer so, daß man »die da oben« noch nie so besonders mochte, so kommt nun hinzu, daß, gerät man an die Zentren der Macht, der Mächtige in einem sehr hohen Prozentsatz auch der Westdeutsche ist: der Richter, der Amtsleiter, der Dekan, der Manager, der neue Hauseigentümer.

Sicher sollte man in einer Diskussion um Weimarer oder Berliner Zeiten nicht vergessen, daß sich in der Weimarer Republik von vornherein starke antidemokratische Kräfte etablieren konnten bzw. es gar nicht erst brauchten, denn sie waren es ja schon, nach wie vor. Doch werden die psychologischen Auswirkungen der gegenwärtigen Situation meines Erachtens unterschätzt. So wird in den medialen Auseinandersetzungen kaum versucht, Zusammenhänge aufzuzeigen, meist spricht man dann über einzelne Phänomene, die offenbar auch hübsch vereinzelt bleiben sollen: Radikalisierungstendenzen, Politikverdrossenheit – und schon, daß da ein Zusammenhang besteht, wird kaum benannt, und natürlich Arbeitslosigkeit – die Weimarer Sechsmillionenzahl haben wir ja nun erreicht, wenn man die statistischen Mogeleien einmal wegläßt. Auch das Wort Weltwirtschaftskrise fällt ab und zu, aber eher so nebenher. Vor dem »Schwarzen Freitag« gab es, so las ich jüngst, deutliche Alarmzeichen, eines davon war ein Phänomen, das man sich kaum erklären konnte: die Arbeitslosenquote stieg und stieg, aber auch die Aktienkurse. – Der DAX stieg jüngst auf Rekordhöhe.

Halten Sie diese Republik für stark genug, sich zu bewahren?

Ich halte den Vergleich zwischen der Weimarer und der Bonner Republik für untauglich, vor allem, weil die Gründe der Arbeitslosigkeit woanders liegen. Erst einmal zu den Unfeinheiten und ungleichen Erfahrungen und Erinnerungen der beiden Deutschländer. Das ist eine Sache, von der ich nicht loskomme. Die Gemeinsamkeit krankt daran, und das meine ich jetzt überhaupt nicht ökonomisch, sondern mental und politisch, daß der eine des andern Geschichte nur als Kontra-, als gegnerische Geschichte kennt, die zu bekämpfen war. Sie krankt deshalb daran, weil jetzt keiner mehr auf den andern hört, sondern die Geschichte des anderen, allerdings sind die Westdeutschen da bei weitem wortführend und rabiater, nur dort ernst nimmt, wo sie anzuklagen oder zu beklagen ist. Daß diese Geschichte aber zugleich aus mehreren Millionen Lebensgeschichten besteht, gemeinsam geführten Lebensgeschichten, wird von beiden Seiten nicht akzeptiert, auch von den Ostdeutschen gegenüber den Westdeutschen nicht. Also löschen wir gewissermaßen beide unsere Geschichten aus und löschen damit auch ein Stück an Haltbarkeit und Identität. Das Löschpapier ist unser Kanzler Kohl. Verrückterweise ist er, obwohl Historiker, genaugenommen ein Erinnerungsloser, seine Erinnerung beginnt damit, daß er Kanzler aller Deutschen ist. Und das ist eine Sache, die dem gesamten Deutschland eine unerhörte Bürde auferlegt. Es wäre keinem Volk dieser Erde eingefallen, nach fünfzig Jahren elender Nachkriegsgeschichte sozusagen einen Anfang zu statuieren, aber es wird gemacht.

Geschichtlichkeit hat ja auch etwas mit Utopiefähigkeit zu tun . . .

Es ist im Grunde eine ganz einfache Dialektik: Wer zu erinnern imstande ist, ist auch imstande zu entwerfen, aber das Erinnern ist die Voraussetzung. Und dies hat meines Erachtens mit dem zu tun, über das wir vorher sprachen: im Moment des Geldwechselns waren alle Egoisten. Es war die Sekunde, von da an waren die einen ärmer und die anderen reicher.
Das Insignum dafür war, und damit war mir klar, daß eigentlich fast alles schiefgehen mußte, daß jeder, aber auch jeder schon nach einem halben Jahr ein neues Auto haben mußte. Die Häuser waren noch kaputt, die Leute hatten z.T. noch ihre alten Kluften an, aber jeder hatte ein Auto.

Das hatte aber auch mit Überleben zu tun ... Ein Trabi hat gegen einen BMW keine Chancen, und das meine ich jetzt nicht merkantil, sondern schlicht physisch ...

Ja. – Nur, wie sieht's dann mit der Besatzung in dem Auto aus, wie sieht es drinnen aus, was geschieht da? Diese Geschichte wäre einmal nicht als Plus und Minus, Sieg und Niederlage zu erzählen, sondern als unsere Geschichte.
Der Egoismus in Weimar hatte da eine ganz andere Wurzel. Die Weimarer Wirtschaft hatte, obwohl es da auch schon Konzerne gab, nicht diese Möglichkeit gehabt, die den Industrien heute frei- und offensteht: auszulagern, Märkte auszunutzen. Es kam noch etwas hinzu: Damals waren die Industriellen auch die Eigentümer und hatten damit eine patriarchalisch-soziale Verpflichtung, die sie auch durchaus für sich in Anspruch nahmen. Es gab ja wirklich auch welche, die viel gemacht haben, selbst ein kleiner Fabrikant hat für »seine« Arbeiter so gut gesorgt,

wie es eben ging. – Solang es auch ihm gutging, das allerdings vorausgesetzt. Die ökonomisch Herrschenden heute sind – mit ganz, ganz wenig Ausnahmen – eingesetzte Manager, die mit der ökonomischen Macht absolut frei und oft jenseits der Verantwortung umgehen. Das erleben wir ja ständig. Dadurch werden relativ viele Arbeitskräfte »freigesetzt«, wie das heute heißt, ein gemeines Wort. Das andere ist die Umstrukturierung in den Berufen. Der sogenannte Hilfsarbeiter, der unausgebildete Arbeiter, den es ja auch noch viele Jahrzehnte nach dem Krieg als Basis in den Betrieben gab, den gibt es heute nicht mehr. Die sind rausgeflogen. Die Leute, die heute bei Opel am Band stehen, müssen sehr gut ausgebildet sein, um diese Automaten zu begreifen. Da kann man nicht einfach hinkommen, und es sind eben nicht mehr so viele.

Das ist jetzt ein wenig weggedriftet. Die Wurzeln der Arbeitslosigkeit sind sicher andere, aber der Effekt ist doch der gleiche: Arbeitslosigkeit. Was mich da ängstigt, das sind eben diese Entgrenzungen, auch Werteentgrenzungen, Werteverluste, Konventionsbrüche.

Es gibt keine Konventionen mehr.

Ja, eben. Das aber ist ein Schub, der in den letzten Jahren rasant geworden ist.

Ja, es gibt auch in der Ökonomie keine Konventionen mehr, wer den anderen schlägt, der schlägt ihn. Fertig. Was vielleicht ähnlich ist, obwohl ich da auch zweifele, das sind diese Vorzeichen mit dem sich erhitzenden Aktienmarkt – sicher steckt da was dahinter. Nur sind heute die Bündnisse der großen Börsen und der großen Unternehmen da flexibler und rascher. Die können vieles abfangen – solange sie wollen! Das allerdings.

Ja, warum sollte das Prinzip des betrügerischen Bankrotts nicht auch im großen Maßstab funktionieren.

Ja: Solange sie wollen. Davon kommen wir nicht mehr los.

Welche Rolle können die Intellektuellen und die Geisteswissenschaftler, also die, die sich noch für so etwas wie ein Menschenbild interessieren und es mitprägen sollten, noch spielen?
Auch unter Intellektuellen ist das, was ich vorhin in Richtung Tabubruch versucht habe zu beschreiben, zu beobachten: Auf einer Germanistentagung zum Thema Gewalt z. B. legten alle Referenten erst einmal das Geständnis ab, daß sie von Gewalt fasziniert seien, bevor sie auf hoher Ebene Beschreibungen und Interpretationen lieferten – Worte wie Angst oder Ekel fielen da nicht.
Jugoslawien und diverse deutsche Ortsnamen wie Solingen oder Rostock haben unseren Zustand erschreckend deutlich gemacht; wir können ja nicht mehr flüchten und uns vorlügen, wir hätten von nichts gewußt, diese Möglichkeit verwehrt uns die Omnipräsenz der Medien. Zugleich vollzieht sich aber auch ein Wechsel im Bewußtsein der Gewaltnotwendigkeit, die ja auch als Gegengewalt auftreten kann oder eben muß, wie die Diskussionen um ein Eingreifen in Jugoslawien zeigen. Da helfen freilich weder diffuse Faszination noch Angst und Ekel weiter. Was aber kaum geklärt ist, ist das Wie, die Graduierung, die Kontrolle. Und es kommt sicher noch eines hinzu, nämlich daß mit dem Zusammenbruch des Ostsystems zum einen Feindbilder wegfielen, sich zum ande-

ren aber auch alternative Hoffnungen als trügerisch erwiesen. Es entstanden also Konsens-Leerräume, die nun im Grunde erst einmal tastend erkundet werden, was zum Teil aber eben auch sehr fragwürdig ist. Ich denke da z. B., ohne die Autoren nun in die gleiche bzw. in irgendeine Ecke stellen zu wollen, an Peter Handkes Serbien, an Hans Magnus Enzensbergers Ratlosigkeit, die auf ein imaginäres Sicherschöpfen des Krieges setzt, oder an Botho Strauß' Bocksgesang, der Blutopfer-Mystik wieder salonfähig macht, auch an Heiner Müllers Maskenspiele – so unterschiedlich die Motive und Texte auch sind. Wer sich inzwischen wie relativiert hat, ist mir dabei erst einmal gleichgültig; solche Sentenzen machen Tendenzen deutlich.
Manche dieser Intellektuellen treiben ihre Spielchen mit dem Schrecken, der Elfenbeinturm ist gut gepanzert, es betrifft sie nicht, sie reagieren angesichts dieser Ohnmacht aber nicht nur mit Hilf- und Tatenlosigkeit, sie bereiten mit ihren Sätzen meines Erachtens den Boden für ein weiteres Abdriften, indem sie Alibis und Slogans liefern. Das heißt, sie zerstören den Boden mit, auf den sie angewiesen sind. Hinzu kommt sicherlich, daß einerseits die passenden Worte alle verschlissen sind, nur noch als Hülsen existieren, andererseits ein »So und nicht anders«-Gemeintsein schnell als billig abgetan wird. Gebrauchen darf man beides unter Strafe des öffentlichen Spotts am »Gutmenschen«-Pranger nicht. Nach Rezepten zu fragen, wär' natürlich Unsinn – verspüren Sie aber ähnliche Irritationen, Beunruhigungen, Ängste?

Ich muß erst einmal einen Satz sagen, der mir wichtig ist und der erst einmal allem vorausgesetzt sei: ich fürchte und verachte Gewalt. Und sie hat mich nie fasziniert – als Zehn-, Elfjährigen, da hat sie mich fasziniert, nie mehr seitdem. Ich kann auch nicht verstehen, wie Leute wie Hans Magnus Enzensberger nicht eindeutig genug darauf reagieren. Was die Intellektuellen nicht mehr können, das erlaube ich mir, schnellstens zu sagen: Viele Parolen sind für den Moment tatsächlich verbraucht, denn die Wörter wurden beleidigt, besudelt und mißbraucht, denken wir nur an das Wort Frieden. Ich habe vor vielen Jahren einmal, bei der ersten Friedenskonferenz in Berlin, die Hermlin veranstaltete, ich weiß nicht mehr wem auf den Schlips getreten, als der »Wir Friedenskämpfer« sagte und ich sofort entgegnete, daß das die wahrscheinlich dümmste Wortkoppelung sei, die ich kenne. Und so gibt es zahlreiche Begriffe, die erst einmal nicht mehr taugen, die sofort ein Gluckern des Spottes und des Hohnes beim Gegenüber hervorrufen. Also bedarf es im Grunde veränderter Formulierung alter Einsichten, die eben nicht verbraucht sind. Denn selbst der Frieden ist ein völlig anderer geworden, wie auch der mögliche Krieg ein anderer geworden ist. Es sind ja nicht mehr die Blöcke ... Ich bin durchaus ratlos. Ich sehe in meiner Arbeit keinen Rückzug auf das Ego, das nicht, aber ich sehe die Schwächen meines Themenfeldes. Ich beschäftige mich mit unserer Geschichte, allerdings immer mit dem Vorsatz und unter dem Aspekt, daß der einzelne die anderen mit dem, was er tut, erreicht und bewegt. Ob das nun *Schubert* ist oder die *Oma* in meinem Kinderbuch oder die *Božena* – auch, wenn sie einzeln bleiben. Ich habe keine Lust, in die intellektuelle Debatte, die sich derzeit abspielt, wenn es überhaupt eine ist, oder gar in die Politik einzutreten. Ich habe wirklich keine Lust, Herrn Botho Strauß eine Lektion in den Denk- und Verlautbarungsweisen der Jahre zwischen 1928 und 1945 zu geben. Diese Rückfälle erschrecken mich, aber sie können mich nicht dazu provozieren, daß ich eine gewissermaßen demokratische Antwort dafür finde. Die gibt es auch nicht.

Aus meiner DDR-Erfahrung heraus nehme ich vielleicht auch auf besondere Weise wahr, wie bestimmte Wörter, Floskeln, Sprachgebiete besetzt werden, die einmal ein Tabubereich waren, Claims, von denen aus man neue Spielwiesen sondieren kann.

Absolut, die haben alle damit zu tun.

Blutopfer ...

Oder die Entdeckung Ernst Jüngers durch die jungen Leute, auch seines Vokabulars. Deshalb hat es im Moment auch keinen Sinn: Sie finden so gut wie kein Forum, das nicht von den ahistorischen Jungzynikern besetzt ist, also lass' ich's erst einmal. Wohin das führen wird, weiß ich nicht. Ich wehre mich, indem ich die Sachen schreibe, die ich schreiben kann, und dort aufschreie, wo es einfach genug ist. Das ist selten, aber dann tu ich's. Wenn ich fünf Jahre lang nur den Begriff »Standort Deutschland« höre, dann schreib' ich darüber; es reicht. Die Politik gibt auch keine Handhabe, sich einzuhaken, es sei denn, ich wäre, und das wünschte ich mir manchmal, sozialpolitisch bei weitem besser ausgebildet. Sich da ideologisch einzumischen, macht keinen Sinn, denn die haben keine Ideologie, sich planend einzumischen, hat noch weniger Sinn, die planen überhaupt nicht, und sich utopisch einzumischen, hat noch weniger Sinn, denn da verbünden sich die Pragmatiker mit den Zynikern: Utopie ist überhaupt zu

Ende. Sie sehen, wie einem sozusagen die Begriffe von den Lippen gerissen werden.

Sind diese »Brücken«, von denen Sie sprachen, Ihre Hoffnung? Daß, solange es möglich ist, solche Brücken herzustellen, noch Hoffnung existiert?

Warum ich immer wieder darauf zurückkomme: Vielleicht, weil ich vorlesend, debattierend, fragend, Briefe empfangend, ungezählte, immer wieder mit Kindern zu tun habe. Und da mache ich die Erfahrung, daß Elf- bis Zwölfjährige geradezu unbegreiflich offen, phantasievoll, erwartungsvoll, mithin utopisch sind.
Es kommt darauf an, wie wir dieses Reservoir immer wieder von neuem vergeuden und verderben oder ob wir es einmal erkennen und nutzen. Warum nicht? Dazu bedarf's, und das sag' ich jetzt sehr ungeschützt, und auch bereit, Hohn und Attacken auf mich zu nehmen, dazu bedarf es einer sehr lebendigen Kultur. Die derzeitige Situation widerspricht dem. Kultur wird derzeit zurückgedrängt, weggespart oder als Repräsentationsstück verwendet. Aber jede Sprachgemeinschaft, jedes Volk ist im Grunde nur soviel wert wie seine Kultur.
Da könnte ich mir nun vorstellen und denken, daß die sich widersprechenden Strömungen, die es heute gibt, auch wieder Grenzen ziehen oder erweitern, Werte ausschwitzen und bilden, anders überleben wir nicht.

Texte, die noch irgendwelche Zusammenhänge zwischen individuellen und gesellschaftlichen Zuständen herstellen und dabei gar noch Haltungen verraten, sind selten geworden. Engagiert sein, sich klar zu etwas bekennen ist peinlich, Metaphern sind gefragt, das Spiel, nicht die Stellung-

nahme, schon gar nicht die Tat. Die Trennung von Politik und Ästhetik ist erreicht. Ein großer Teil der Literatur macht ihre Späßchen oder kränkelt in Alltagsbanalitäten, das kann der eine sehr artifiziell, der andere weniger, und flackern hinter'm Text noch Subtexte, so sind es Irrlichter des Unbehagens, die am Verlöschen sind.
Ein Wolfgang Borchert fänd' heute wohl kaum Gehör, oder?

– Nein. – Da muß ich richtig nach Luft schnappen: – – Nein. Wenn Sie auf Wolfgang Borchert zurückkommen oder, sagen wir mal, auf den jungen Heinrich Böll – *Wanderer, kommst du nach Spa* ... –, so sind das Kunststücke gewesen, die, im ganz wesentlichen Sinne, zeitgenau geschrieben waren und zeitgenau trafen. Das heißt, und da sind wir wieder da, daß die Zeit, die Epoche, die Gesellschaft oder wie man das auch immer nennen mag, noch, *noch*, ihre thematischen Erwartungen hatte. Das haben wir heute nicht mehr. Es gibt Themen, die ich auch im Politischen ansprechen kann, auch in der Erzählung und im Roman, im Gedicht. Aber, und hier sind wir wieder am Beginn unseres Gesprächs: Sie können von dreißigjährigen Autoren nicht erwarten, daß sie eingeklemmt zum anderen gucken. Wenn's mal geschieht, was ja gelegentlich aber sehr selten passiert, dann sind es Kunst-Stücke, die thematisch niemanden mehr berühren. Bis auf die Kritiker vielleicht. Da erwarte, nein: erhoffe ich, daß in einem Befreiungsakt wir kurz vor'm Erstickungstod plötzlich wieder Briefe an andere richten.

Ich glaube schon, daß das damit zu tun hat, daß man sich eben nicht mehr auf gemeinsame Werte festlegen kann oder will, oder lassen will, es sei denn im Barmen über die Steuerfrage.

Ja, und da sind wir wieder beim Ich, bei der Rivalität, bei der Ökonomie.

Das ist nun das Gebiet der Kabaretts, und auch die Satire leidet an dieser der Enttabuisierung und der dem Werteverlust geschuldeten Werteverramschung, und forciert dies zugleich selbst. Die Satire plärrt grell oder leiert Platitüden, sie funktioniert nicht mehr, hat keinen Biß mehr: sie kotzt nur noch, oder sie langweilt. Wenn man sich über die Leibesfülle deutscher Politiker lustig macht, so ist das wenig originell. Also gehen immer mehr einen Schritt weiter und stellen zum Beispiel diese Leibesfülle in den Zusammenhang mit einer möglichen, in Bosnien zugezogenen Schwangerschaft – oder man sagt zu Herrn Schäuble: »Bleiben Sie ruhig sitzen!« Dies will zwar originell sein, ist aber überhaupt nicht witzig. An den Rollstuhl gefesselt zu sein ist nicht komisch, Massenvergewaltigungen sind's schon gar nicht.
Satire darf eben nicht alles.

Nein, sie darf längst nicht alles, aber sie tut heute alles. Wenn Sie ein Blatt wie *Titanic* anschauen, da ist auch, auf andere Weise, aber durchaus unverhüllt, Gewalt zu erkennen. Diese Gewalt hat allerdings immer einen Gefährten, das ist der Zynismus. Denn wenn Sie im Denken und in der Verwörtlichung des Denkens so weit sind, daß Sie sich und andere überhaupt nicht mehr schützen wollen, dann schlagen Sie um sich.

Ich finde aber, daß Zynismus da nicht greift. Ich halte z.B. Joseph Hellers Catch 22 *für eines der herrlichsten Bücher, und es ist ein zynisches Buch.*

Ein sarkastisches Buch.

Nicht nur, da gibt es schon deftige Zynismen – aber eben auf einer anderen Ebene.

Ein Zynismus, gesprochen von einem, und das sage ich nun nicht zynisch, aber vulgär: der zehnmal mit dem Gesicht in den Schlamm fiel, aufstand und mit Dreck zwischen den Zähnen redet. Das ist was anderes.

In diesem Bild zu bleiben, würde das bedeuten, daß die anderen dann die sind, die den Dreck zur Speise erklären.

Ja –

Diese Orientierungslosigkeit zeitigt zugleich einen Irrationalismus, der einen schon ängstigen kann, da auch hier alle Ebenen einbezogen werden: sei es bei jenen Sekundäranalphabeten, bei denen es offenbar trotz der Unfähigkeit, mehr als drei Sätzen im Zusammenhang zu folgen, gelungen ist, Stereotype der Gewalt festzurammen und damit – auch vor sich selbst – ihre kriminelle Energie zu legitimieren, sei es die Zunahme des Sektenwesens oder im islamischen Fundamentalismus, der dem Mittelalter zur Renaissance verhilft. Auch hier sehe ich dieses Phänomen, daß dem zum einen kaum argumentativ begegnet werden kann, die Sprache also versagt, andererseits die Mitleidlosigkeit gegenüber sich selbst die Voraussetzung für die Mitleidlosigkeit gegenüber dem anderen, für Terror ist. Die in der Literatur immer wieder aufgeworfene Frage nach dem Verhältnis zwischen Denker und Täter hat hier eine ganz neue Dimension bekommen.

Ich weiß nicht, ob sie neu ist. Fundamentalismus ist eine Wellenbewegung, den hat es immer gegeben – die Inquisition usw. usw. Fundamentalismus in der heutigen Spielart, ob das nun Sektierer hier sind oder Muslims dort, ist vielleicht ganz primitiv zu erklären: Im Fundamentalismus wird die Angst vor sich selber und vor den anderen so angeheizt, daß sie in Gewalt umschlägt. Wenn Sie die muslimischen Parolen hören, um bei dieser Art Fundamentalismus zu bleiben, fällt einem ja eines auf: das ist die Existenzangst der Leute, die angesprochen werden. Sie haben Angst um sich selber, zugleich aber wird ihnen eben auch Angst vor den anderen gemacht.

Ja, aber dieser Rigorismus ist doch schon der nächste Schritt. Was Sie eben sagten, würde doch noch einen – zu – weiten Spielraum Hoffnung zulassen: Ich glaube nicht, daß diese Selbstmordkommandos noch Angst um sich selbst besitzen, das haben die doch abgelegt, Terror als »Heiliger Krieg« …

Da kommt etwas anderes hinzu, das ist wie bei den japanischen Kamikaze, das können Sie in jedem Männerbund ziemlich leicht herstellen, das ist die heroische Opferidee. Die können sich für nichts opfern, wenn sie nur als Helden und Märtyrer gesehen werden und das System geschlossen ist. Das andere ist meines Erachtens viel wesentlicher: Das Gros der muslimischen Fundamentalisten ist ja so arm, daß der ganze Reichtum, den sie erwerben können, in einer Waffe besteht. Und die Waffe wird zum Wert und zum Werkzeug. Diese Existenzangst, die sie vorher hatten, in den Lagern usw., die wird überwunden – und jetzt sind sie abrufbar. Jetzt wird Angst gemacht, das schaffen die Schreier immer. Ob das die ethnischen

Mörder sind oder die religiösen, das ist egal. Und dieser Knäuel von Ängsten, der dann auch noch in fünf, sechs Schlagwörtern, Formeln, einleuchtend verbalisiert wird, der genügt.

Jemand, der Ängsten ausgesetzt ist und die dann sozusagen kippt, auf daß die anderen nun Angst vor ihm haben mögen, das ist aber doch noch immer einer, mit dem man Mitleid haben könnte, aber dies geht wiederum und wahrlich nicht. Man kann das nicht nur auf die Ängste reduzieren.

Ich habe sozusagen Mitleid mit denen, die benutzt werden, auch wenn sie Mörder sind. Ich habe überhaupt kein Mitleid mit den Anstiftern, den Ansagern, mit denen, die überhaupt nichts anderes spüren wollen als ihre eigene Macht.

Aber die, die das Grauen ausüben, sind doch nicht die Ansager.

Nein, aber die sind Hirngeschöpfe der Ansager. Sie würden's viel lieber selber tun, ich bins sicher.

Utopieverlust ist zur Zeit im öffentlichen Diskurs – oder sollte man sagen: Katechismus? – eine Kategorie, die es abzuhaken gilt.

Oh ja.

Denkt man etwa an die Reaktionen der Kritik auf Christa Wolfs Medea, *so wurde vor allem dieses Aufgeben geradezu erleichtert gelobt. Merkwürdigerweise*

ist Utopie noch immer irgendwie linkslastig, und da werden dann stets Stalin und Gulag, 17. Juni, Mauerbau und Stasi aufgefahren, so ist das jedenfalls meine Erfahrung im Jahre 7. »Verwestlichung« ist moderner als alles andere und, da taucht interessanterweise dieser Begriff dann doch wieder auf, als »fortgeschrittener« gedeutet. Der Terror in Vietnam oder Chile, die Morde an John F. Kennedy oder Martin Luther King, die Großversuche der USA an der eigenen Bevölkerung, die De-Facto-Rehabilitierung der Nazis in der Nachkriegs-Bundesrepublik usw. werden in diesem *Zusammenhang aber gern unter den Teppich gekehrt.*
Trotz aller Auseinandersetzungen und Erfolge, die eine engagierte Öffentlichkeit in der westlichen Demokratie immerhin und zugegebenermaßen erreichen konnte – die Schuldfragen des Kriegs- und Nachkriegsdeutschland wurden und werden gestellt, der Vietnam-Krieg wurde gestoppt, auch wenn die Aufarbeitung dieser Dinge noch längst nicht erledigt ist –, waren es aber gerade diese Momente, die es in den vierzig Jahren Spaltung vielen DDR-Intellektuellen unmöglich machten, im Westen eine wirkliche Alternative zu sehen; und der Traum vom dritten Weg war ja nicht nur eine östliche Träumerei.
Wolfgang Hilbig hat diesen Zustand in ein sehr schönes Bild gebracht, er sprach von den spärlichen »Möglichkeiten, sich zurechtzufinden, ohne eine Weltidee«.

Ich habe vorhin ganz leidenschaftlich gegen die Zählung geredet, die der Kanzler Kohl denkt: das Jahr 7. Ich lebe nicht in diesem Jahr. Schon um des Utopierestes willen, den ich für mich in Anspruch nehme. Ich glaube, daß es in der Geschichte des Menschen, nicht der Menschheit, des denkenden, arbeitenden und hoffenden Menschen, nur kurze Spannen der Entwurfslosigkeit gab. Ich kann mir überhaupt nicht vorstellen, daß wir in eine andauernde Spanne der Entwurfslosigkeit geraten.

Es ist aber der Ist-Zustand.

Ja, das ist er. Es sei denn, wenn wir jetzt eurozentrisch denken, daß die europäische Kultur, die ja auch ein Stück der amerikanischen Kultur beeinflußt und bewirkt hat, daß die europäische Kultur final ist – das würde mich traurig stimmen, aber gut, dann blas' ich halt im Finale mit. Ist dies nicht der Fall, wird es den Utopiesprung geben, denn Sie können in einer Gesellschaft nicht leben, die unter derartigen Werteverlusten leidet – wir können das ja auch einmal sagen: sie leidet darunter –, die die Enttabuisierung gleichgültig hinnimmt, die von Tag zu Tag gewalttätiger wird und zugleich mehr und mehr in Monaden zerfällt, in Ichs, neidisch, mißgünstig, infam und arm. Wenn es das nicht gibt, daß in solch einer sozialen Landschaft nicht plötzlich eine Idee aufbricht, ich will gar nicht von Utopie sprechen, ein Entwurf sichtbar wird, der manches korrigiert, einiges bestärkt und auf Möglichkeiten verweist, gehen wir alle drauf.

Daß Sie nicht im Jahre 7 leben wollen, und auch nicht leben, ist mir klar – aber das sind eben auch unterschiedliche Erfahrungsbereiche, damit wollte ich auch keiner Geschichtslosigkeit das Wort reden. Es gibt da einen Vergleich, der es im Bild für mich schon auf den Nenner bringt: Ein Kölner und ein Leipziger erwachen nach zehnjährigem Koma. In Köln wird man die veränderte Situation kaum mitbekommen – Leipzig aber liegt in einer ganz anderen Welt.

Ja, das stimmt wohl, *so* ist das klar.

Das aus Legitimierungsnot geborene Claimabstecken läßt Geisteswissenschaften wie Politik in Richtungen gehen, die kaum zur Lösung der anstehenden Probleme beitragen werden.

Überhaupt nicht mehr.

Man verzichtet auf Entwürfe und widmet sich voller Profilierungssüchten, je nach Genre, Megatheorien oder Wahlkampfstrategien und verliert so den eigentlichen Gegenstand aus dem Blick. Die einzigen, die da radikal denken, scheinen die Natur- und Wirtschaftswissenschaftler zu sein. Und die Entwürfe dieser Intellektuellen tragen auch nicht gerade zu einem Prinzip Hoffnung bei, die bisher m. E. noch viel zu ungenügend reflektierten Stichworte wie Genetik oder Laissez-faire-Kapitalismus sprechen da für sich.
Wir haben bisher vor allem über die eher kulturell-geistige Ebene geredet; neulich begegnete mir ein, wie ich finde, sehr genaues Wort für den ökonomischen Bereich: globale Asozialisierung.
Das faßt doch diese ganzen Reizwörter zusammen – Industriestandort, Lohnnebenkosten, Lohnverzicht usw. Zugleich ist auch hier jener Vorgang zu beobachten, der durch Tabubruch Grenzerweiterung, neue Gemarkungen schafft, in diesem Falle ja wirkliche Claims. Man hat sich an Schlagworte, und ärger noch: an Zustände zu gewöhnen, die vor zwei Jahrzehnten noch Wellen der Empörung hervorgerufen hätten: Begriffe wie »natürliche Arbeitslosigkeit« oder Kapitalismus als »spontane« oder »freie Ordnung«, es werden Hohelieder auf den Ego-

ismus als das eigentlich Menschliche angestimmt, das heißt, das Menschlichsein hat seinen sozialen bzw. solidarischen Aspekt verloren. Dem Deutschen wird der Slumbewohner, der auch für zwanzig Pfennig Stundenlohn arbeitet, als Vorbild vorgehalten, Konzerne und Kapital wandern ungehindert und hemmungslos aus. Der gleiche Sog, der die Armutsflüchtlinge nach Europa treibt, treibt die Wohlstandsflüchtlinge aus Europa, die freilich kommen nicht als Bittsteller, sondern als Kolonialisatoren einer neuen Generation: sie sind gebetene Herren.
Eine globale Asozialisierung, die gegen solche Sätze wie jenem trotzigen von Volker Braun »Und für den Letzten soll die Welt gemacht sein« – Volker Braun wurde wegen solcher Sätze erst kürzlich im Feuilleton als »einer der Hartgesottensten« abgekanzelt – noch nicht einmal mehr hohnlacht. Es hat ja gar keiner mehr nötig, so zu tun, als würde er so etwas zur Kenntnis nehmen. Die berühmte Forderung an die »Proletarier aller Länder«, sich zu vereinigen, hat das Kapital längst vollzogen.
Da hilft kein Barmen, kein Lamentieren.
Sie schrieben einen Brief an meine Kinder, *der viel von Verlusten spricht: von Flüssen, in denen es für Ihre Generation noch völlig normal war, zu baden, von der Angst, daß es für spätere Generationen ebenso normal sein könnte, nur noch mit speziellen Schutzmaßnahmen der Aufforderung »Komm ins Offene, Freund« Folge zu leisten.*
Was müßte in einem »Brief an meine Enkel« stehen?

Das ist fast schon bösartig, mich dies zu fragen (lacht). Ich möchte mir die Welt meiner Enkel doch nicht als Alptraum denken, das, was sein wird, kann ich noch nicht

einmal gedanklich fassen. Ein durchaus genauer Begriff wie »globale Asozialisierung« ist auch wieder so schlagend, auch niederschlagend, daß ich mich dem kaum widersetzen kann, weil das zutrifft ... Ich könnte den Enkeln nur schreiben: Nehmt euch, gestattet euch soviel Phantasie, wie nötig ist, um euch dort zu widersetzen, wo es an eure Existenz geht. Und zwar nicht nur an deine, seine, jene, sondern an eure. Und begreift das auch. Viele der Mächtigen, heute global denkenden Macher sind mit beträchtlich viel Phantasie ausgestattet. Sie sind einfallsreich, über die Ränder hinweg aber auch blind. Denn es interessiert sie nur das, was sie machen. Oder was sich verbünden läßt, das führt ja auch zu absoluten ökonomischen Schonzonen rund um die Welt. Ob das Singapur ist oder London oder was weiß ich. In diese Zonen einzudringen, nicht nur mit einer vom Ökonomischen angezogenen und faszinierten Phantasie, sondern mit einer, die Gemeinsamkeit und Humanität, ich sprech' das jetzt einfach aus, wieder als Notwendiges gelernt und verstanden hat. Es gibt ja auch in diesen Zonen Leute, die wissen, was sie verlieren, indem sie gewinnen, so blöd sind die ja nicht, aber die tun nichts dagegen, denn sie gewinnen ja.
Es wird eine Enkelgeneration nachwachsen, die sieht, wie groß die Verluste sind. Und schon aus diesem Grund mit Intelligenz, Einfallsreichtum, aber auch mit – jetzt sag' ich ein Wort, das Bertolt Brecht sehr mochte, obwohl er sich gar nicht so oft daran hielt – mit Freundlichkeit etwas tut dagegen. Aber die Enkel werden's anders lesen.

Vielleicht war Brechts Freundlichkeit ja auch aus dem egoistischen Interesse heraus geboren, nicht zu sehr behelligt zu werden.

Ist auch wahr (lacht) ...

Ich bin mir da sehr unsicher, ob es wirklich erst dieses letzte Jahrzehnt ist, das derartig ins Strudeln gekommen ist.

Ja und nein. Es hat sich durch die Auflösung der Blöcke unglaublich beschleunigt.

In der Zeit *und in anderen Journalen wurden und werden um diese Themenkreise mehrere Debatten geführt: um den Sinn oder Unsinn eines »Gemeinsinnes«, die Diskussionen um Goldhagen, um die Frage nach einem »kritischen Dialog« mit Diktaturen und das Problem globaler Marktradikalisierung. Auch hier geht es um Tabuverletzungen und Entgrenzungen. Versuchen, Begriffen wie Gemeinsinn, Werte, Sittlichkeit einen realen Inhalt zu geben, d. h. ja auch, Reglementierungen als notwendig zu akzeptieren, werden oft – wenn nicht von vornherein als lächerlich abgetan – Schreckgespenster einer Gartenzwergdiktatur, eines Polizeistaates entgegengehalten. Den doch unbestreitbaren Erfolgen der New Yorker Polizei werden die polizeilichen Übergriffe aufgezählt, wenn nicht sogar eingewendet wird, daß es im III. Reich ebenfalls kaum Straßenkriminalität gab – was ich nicht nur für unsinnig, sondern auch für unzutreffend und oberflächlich halte; ich denke, daß sich da die kriminelle Energie sozusagen sanktioniert austoben konnte.*
Zunächst: Welchen Eindruck hatten Sie, als Sie in den USA waren? Was halten Sie von den Warnern, die diesbezüglich lieber ein Terrorbild malen, als die Angst vor dem sich ausbreitenden Terror zu reflektieren?

Also wenn ich ganz naiv ehrlich bin, muß ich erst einmal sagen, daß ich mich wohler und sicherer gefühlt habe als drei Jahre zuvor. Im Central Park müssen Sie nichts mehr fürchten, die Penner sind weg; wo sie hin sind, fragt man sich dann allerdings sehr nachdenklich ... Aber es ist eine Stadt, die sichtlich »clean« geworden ist. Eines fällt auf: daß die Präsenz der Polizei, zumindest der uniformierten Polizei, nicht größer geworden ist. Diebe wird es immer geben, Hungrige wird es immer geben, und Diebe aus Hunger. Das ist in so einer Stadt nicht zu ändern. Man kann ihnen Angst machen, dann wird der Hunger stärker, irgendwo wird dann ein Deich brechen. Das ist vorauszusehen, denn es wird ja nichts geändert an der Armut dieser Menschen. Als Besucher dieser Stadt gehst du gedankenlos durch New York und hast dein reines Vergnügen an dieser persilbehandelten Stadt, das sind eben diese zwei Seiten der Medaille. Das andere ist, und das ist ganz schwer zu beurteilen, die Behandlung von Arbeit, Arbeitslosigkeit und Armut unter der Clinton-Administration. Zum einen ist die soziale Absicherung in Amerika bei weitem schwächer und löchriger als bei uns, zum anderen ist die soziale Bereitschaft der Amerikaner, für die Armen etwas zu tun, ausgeprägter als bei uns. Es gibt private Suppenküchen usw., es gibt eine andere Solidarität. Daß man die Sozialhilfeempfänger jetzt beinahe zwingt, nötigt, für wenig Geld, aber immerhin für Geld, zu arbeiten, das finden manche sträflich, ich muß sagen, ich nicht. Auch wenn das traurige, sehr bescheidene Arbeiten sind – Straßenfegen usw. ist ja nicht gerade inspirierend –, aber das sind auch nicht unbedingt Menschen, die inspiriert sein, aber die Arbeit haben wollen. Ich glaube, daß man einem Menschen, der fünf Jahre irgendwo rumhockte, ungelernt und armselig, sogar ein Stück Würde zurückgibt, wenn er die Möglichkeit hat, im Park die Wege zu rechen.

Da gibt es wohl noch einen, gravierenden Unterschied, wenn man dem denn glauben darf: Es scheint dort nichts Diskriminierendes zu sein, keine Schande, wenn man Jobs auch weit unter seinem beruflichen Level annimmt.

Das gibt es dort ja ganz stark. Natürlich ist die Durchlässigkeit nach unten viel größer als die nach oben.

Ihren literarischen Figuren liegt die individuelle Tat, nicht der kollektive Widerstand. Liegt dies daran, daß es keine homogene Gemeinschaft geben kann, daß eine solche nur per Befehl, Druck, Macht postuliert, aber nie wirklich konstatiert werden kann?
Ist das das eigentliche Dilemma?

Gehen wir zurück zur Französischen Revolution und zu den Ansprüchen, die von Robespierre bis Marat ausgesprochen wurden. Und zu den Erfüllungen, die sie sich selber schenkten – dann ist jede Gemeinschaft unmöglich oder fragwürdig. Und keine Idee, keine, bündelt mehrere Menschen so, daß sie zuerst an den anderen und die Idee und dann an sich denkt. Das halte ich für unmöglich. Solidarität ist eine im Grunde menschliche, selbstverständliche Haltung, die gelernt werden muß. Das vergessen wir immer. Wer nicht mit drei oder vier Jahren schon ganz selbstverständlich Teilen, Aufmerksamkeit für den anderen, Nähe, Hilfsbereitschaft, diese einfachen Dinge, gelernt hat, lernt es wohl nicht mehr.
Was ich jetzt sage, ich weiß, ist konservativ, und dafür krieg' ich auch manchmal Schläge: Es zerfallen ja nicht

nur die Grenzen, die Tabus, die Werte, es zerfallen auch die sozialen Erscheinungsformen wie beispielsweise die Familie. Ein Kind, das nur mit einem Elternteil aufwächst, gleich ob mit Vater oder Mutter, erfährt meist eines zuerst, das ist den Kampf des einen Elternteils gegen den anderen. Der ganz egoistische Kampf um's Haben und Nichthaben ist eine heute fast gängige Kindererfahrung.

Daß Kinder auf einen Elternteil – fast stets ist es der Vater – verzichten müssen, ist längst keine Ausnahme mehr, sondern die traurige Regel; Scheidung ist dabei nur eine der möglichen Varianten. Eine andere ergibt sich z.B. aus Arbeitsbedingungen, die keine Zeit übriglassen für ein wirkliches Eltern(da)sein, oder zu einer Entwurzelung durch eine neue Art Nichtheimischwerden führen: die vielgepredigte Mobilität – sich dieser zu verweigern, können sich offensichtlich nur noch die Bonner Apparatschiks leisten. Oder aber die Kinder erleben die Entwurzelung der Eltern durch Arbeitslosigkeit usw.: Bindungslosigkeit nicht durch Krieg, Flucht oder Vertreibung, sondern als Tribut einer auf »Erfolg« ausgerichteten Gesellschaft, eine neue Art des Fremdseins als soziale Übereinkunft.

Daß eine Gruppe, eine Gesellschaft nur dann funktionieren kann, wenn man abwägt, was Haben und Nichthaben bedeutet, zumindest abwägt, lernen wir heute nicht mehr. Also springen aus den Haustüren lauter große und kleine Wölfe auf die Straße. Vielleicht gibt es ja mal einen großen Dompteur, Dresseur, der den Wölfen beibringt, wie Hunde zu sein. Ich weiß nicht, ob das der Weg zum Menschen ist.

Die Losung der Französischen Revolution hatte ja einen Anspruch, der eigentlich von vornherein nicht realisierbar ist – »Regenfäden flechten«.

Die Französische Revolution warf ja diese drei Sterne an den Himmel: Egalité, Fraternité, Liberté. Egalité hat es nie gegeben, Fraternité hat es in mancher Hinsicht gegeben, aber nie in größerem Ausmaß. Und wenn es auch Brüderlichkeit gibt, an Schwesterlichkeit haben sie ja nicht gedacht, es waren unter den Revolutionären ja auch keine Schwestern drunter. Und die Liberté ist eine Auslegungssache und wird es immer bleiben.
Wie erreicht uns der Schein dieser Sterne, was tut er uns an? Ich weiß es nicht. Ich möchte auch nicht mit diesem Hundebild enden, bloß sehe ich, zumindest in der westlichen Gesellschaft, nichts, was mich dazu bringen könnte, auch nur andeutungsweise die Erwartung zu haben, daß ein Stück Fraternité, ob als Solidarität oder wie auch immer benannt, zurückkehrt.

Vielleicht ist ja auch das Bild mit den Wölfen nicht ganz so stimmig. Ich dachte gerade an das große Gedicht von Hans Magnus Enzensberger, die Verteidigung der Wölfe – *»sie gehn in Rudeln«* . . .

Ja, die zerfleischen die anderen, die schonen sich (lacht).

Aber eben wenigstens ihresgleichen.

Ja, das ist wahr. Aber dazu ist der Mensch wohl nicht geschaffen, das hat er nie getan. Innerhalb der Gattung Mensch hat es immer »Fresser« gegeben.

Ja, bis in die Urzeit – die bei den von den Archäologen ausgegrabenen Ansiedlungen haben alle Schutzvorrichtungen, und die waren nicht gegen Bären oder Wölfe errichtet worden, sondern stets gegen ihresgleichen.

So ist es, ganz richtig. Und es gab auch immer Menschenopfer. Im Tierreich geht das nach anderen Regeln vonstatten. Ich bin nicht sicher, und das ist vielleicht doch das Ende dessen, was ich sagen kann: Ich zweifle daran, ich zweifle sogar zuversichtlich daran, daß der Mensch grundsätzlich, prinzipiell gewalttätig ist, daß ihm das angeboren, daß das genetisch ist. Ich bin eher sicher, daß der Mensch erst einmal absolut neutral für Gewalt und Solidarität, für Gemeinheit und Sanftmut auf die Welt kommt. Ich glaube daran, und dann lohnt sich Schreiben noch immer.

Ein Schlußwort.

Mörfelden-Walldorf,
im Oktober 1990 und September 1997

In Nürtingen 1948

Bei einem Treffen der »Bechtle-Lyriker«, mit (von links nach rechts) Wolfgang Bächler, Helmut Heißenbüttel, Johannes Poethen, Kurt Leonhard (Lektor des Bechtle-Verlages), Dieter Hoffmann, 1957

Auf der Buchmesse in Frankfurt
als Geschäftsführer des S. Fischer Verlages mit Golo Mann, 1971

In Bergen-Enkheim: Kinder pflanzen im Hof
des »Stadtschreiber«-Hauses einen Ginkgobaum, Herbst 1979

In Kiel, nach einer der vom Buchhändler Cordes in regelmäßiger Folge
veranstalteten »Groß-Lesungen«: (von links nach rechts) Wolfdietrich Schnurre,
Eckart Cordes, Günter Grass, Uwe Johnson, Peter Bichsel, 1981

Bei den Auseinandersetzungen um die Startbahn West
am Flughafen Frankfurt. Mit dem Schriftsteller und »Waldschreiber«
Horst Karasek (Mitte), im November 1981

Bei einem Ferienkurs am Mozarteum in Salzburg,
mit Mitsuko Shirai und Hartmut Höll, im Sommer 1994

In Walldorf mit der Familie:
Frau Mechthild, Fabian, Friederike, Clemens, Sophie, im Sommer 1998

Nach einer Lesung im Leipziger Studentenklub »moritzbastei«
im Frühjahr 1989, mit Jürgen Krätzer

Bibliographische Anmerkung
(Auswahl)

Die hier aufgeführten Titel können sich nur als Orientierungshilfe verstehen; es wurden daher nur Texte aufgenommen, die als eigenständige Publikation erschienen [mit der Ausnahme *Die Gegend meines Vaters*, da im Gespräch zitiert]. Wurden Texte aus Anthologien einzeln veröffentlicht, so wird nur diese Ausgabe und nicht die Erstveröffentlichung aufgeführt; Editionen von Texten, die in Sammelbänden enthalten sind, werden – mit Ausnahme der Gedichtbände und Kinderbücher – ebenfalls nicht gesondert ausgewiesen. Bibliophile Sonderdrucke, Lizenzausgaben, Übersetzungen, Dramatisierungen für Fernsehen, Radio, Schallplatte, CD, Kassette, Vertonungen usw. wurden nicht berücksichtigt. Inkonsequenzen und Lücken sind nicht ausgeblieben und dem Bemühen um einen sinnvollen Überblick (und Zugriff) geschuldet.
Für die Primärtexte sei vor allem auf die bei Kiepenheuer & Witsch im Entstehen begriffene Werkausgabe verwiesen; eine umfassende Bibliographie zu den Primärtexten und zur Sekundärliteratur steht noch aus.

Einen bibliographischen Überblick gewähren u. a.:

Elisabeth und Rolf Hackenbracht (Herausgeber): Peter Härtling, Materialienbuch, Luchterhand, Darmstadt und Neuwied 1979
Burckhard Dücker: Peter Härtling, C.H. Beck'sche Verlagsbuchhandlung, München 1983
Peter Härtling: Auskunft für Leser, herausgegeben von Martin Lüdke, Luchterhand, Darmstadt 1988

Festgabe zum 60. Geburtstag. Für Peter Härtling. Herausgegeben von Peter Bichsel, Radius, Stuttgart 1993.
Peter Härtling: Der Anspruch der Kinderliteratur, Jahresgabe 1991 des Freundeskreises des Instituts für Jugendbuchforschung, Johann-Wolfgang-Goethe-Universität Frankfurt a. M.
Walter Schmitz: Peter Härtling, in: Kritisches Lexikon zur deutschsprachigen Gegenwartsliteratur, herausgegeben von Heinz Ludwig Arnold, edition text + kritik, München 1991
Heiner Schmidt: Quellenlexikon zur deutschen Literaturgeschichte, Band 10, Verlag für pädagogische Dokumentation, Duisburg 1997, S.150–159

Gedichte

poeme und songs, Bechtle, Eßlingen 1953
Yamins Stationen, Bechtle, Eßlingen 1955
In Zeilen zuhaus. Vom Abenteuer des Gedichts, des Gedichteschreibens und Gedichtelesens, Neske, Pfullingen 1957
Unter den Brunnnen, Bechtle, Eßlingen 1958
Spielgeist Spiegelgeist, Goverts, Stuttgart 1962
Neue Gedichte, herausgegeben von Hans Dieter Schäfer, Bläschke, Darmstadt 1972
Anreden, Gedichte aus den Jahren 1972-1977, Luchterhand, Darmstadt und Neuwied 1977
Vorwarnung, Luchterhand, Darmstadt und Neuwied 1983
Die Mörsinger Pappel, Luchterhand, Darmstadt und Neuwied 1987
Ausgewählte Gedichte 1953-1979, Luchterhand, Darmstadt und Neuwied 1979
Die Gedichte 1953–1987, Luchterhand, Frankfurt a. M. 1989
Jürgen Brodwolf und Peter Härtling: Zwanzig Trans-

parentblätter / Fünfzehn Gedichte, Radius, Stuttgart 1989
Peter Härtling und Arnulf Rainer: Engel – gibt's die? 28 Gedichte und 30 Übermalungen, Radius, Stuttgart 1992
Das Land, das ich erdachte, Gedichte 1990–1993, Radius, Stuttgart 1993
Horizonttheater, Kiepenheuer & Witsch, Köln 1997

ROMANE, ERZÄHLUNGEN, PROSA

Im Schein des Kometen. Die Geschichte einer Opposition, Goverts, Stuttgart 1959
Niembsch oder Der Stillstand. Eine Suite, Goverts, Stuttgart 1964
Janek. Porträt einer Erinnerung, Goverts, Stuttgart 1966
Das Familienfest oder Das Ende der Geschichte, Goverts, Stuttgart 1969
Ein Abend eine Nacht ein Morgen. Eine Geschichte, Luchterhand, Neuwied und Berlin 1971
Zwettl, Nachprüfung einer Erinnerung, Luchterhand, Darmstadt und Neuwied 1973
Eine Frau, Luchterhand, Darmstadt und Neuwied 1974
Hölderlin, Luchterhand, Darmstadt und Neuwied 1976
Hubert oder Die Rückkehr nach Casablanca, Luchterhand, Darmstadt und Neuwied 1978
Nachgetragene Liebe, Luchterhand, Darmstadt und Neuwied 1980
Der wiederholte Unfall, Erzählungen mit einem Nachwort des Autors, Reclam, Stuttgart 1980 (enthält: Jerschel singt; Für Ottla; Der wiederholte Unfall oder Die Fortsetzung eines Unglücks; Fast eine Anekdote; Drei Kalendergeschichten aus meinem Land; Das Ballerinaglas, Nürtingen, Marktstraße; Zwettl im Waldviertel)

Die dreifache Maria, Luchterhand, Darmstadt und Neuwied 1982
Das Windrad, Luchterhand, Darmstadt und Neuwied 1983
Felix Guttmann, Luchterhand, Darmstadt und Neuwied 1985
Brief an meine Kinder, Radius, Stuttgart 1986
Waiblingers Augen, Luchterhand, Darmstadt und Neuwied 1987
Die kleine Welle, Vier Geschichten zur Schöpfungsgeschichte, Radius, Stuttgart 1987
Der Wanderer, Luchterhand, Hamburg; Zürich 1988
Herzwand. Mein Roman, Luchterhand, Hamburg; Zürich 1990
Brief an meine Kinder: erweitert um einen zweiten Brief, Luchterhand, Hamburg; Zürich 1991
Schubert, Luchterhand, Hamburg; Zürich 1992
Božena, Kiepenheuer & Witsch, Köln 1994
Schumanns Schatten, Kiepenheuer & Witsch, Köln 1996
Große, kleine Schwester, Kiepenheuer & Witsch, Köln 1998

Dramatik

Gilles, Ein Kostümstück aus der Revolution, Goverts, Stuttgart 1970
Melchinger Winterreise. Stationen für die Erinnerung, Radius, Stuttgart 1998

Bücher für Kinder

... und das ist die ganze Familie, Tagesläufe mit Kindern, Georg Bitter, Recklinghausen 1970
Das war der Hirbel, Beltz & Gelberg, Weinheim 1973
Zum laut und leise Lesen, Geschichten und Gedichte für Kinder, Luchterhand, Darmstadt und Neuwied 1975
Oma, Beltz & Gelberg, Weinheim 1975
Theo haut ab, Beltz & Gelberg, Weinheim 1977
Ben liebt Anna, Beltz & Gelberg, Weinheim 1979
Sofie macht Geschichten, Beltz & Gelberg, Weinheim und Basel 1980
Alter John, Beltz & Gelberg, Weinheim und Basel 1981
Jakob hinter der blauen Tür, Beltz & Gelberg, Weinheim und Basel 1983
Krücke, Beltz & Gelberg, Weinheim und Basel 1987
Geschichten für Kinder, Beltz & Gelberg, Weinheim und Basel 1988
Fränze, Beltz & Gelberg, Weinheim und Basel 1989
Peter Härtling für Kinder, Der bunte Hund – Sonderheft, Beltz & Gelberg, Weinheim und Basel 1989
Mit Clara sind wir sechs. Von den Scheurers, die sich alle Mühe geben, eine Familie zu sein, Beltz & Gelberg, Weinheim und Basel 1991
Fundevögel: Geschichten zum Wieder- und Wiederlesen. Für Kinder von neun bis neunzig, herausgegeben und mit einem Nachwort von Peter Härtling, Radius, Stuttgart 1991
Erzählbuch. Geschichten, Gedichte, Texte, Proben, Auswahl von Hans-Joachim Gelberg, Beltz & Gelberg, Weinheim und Basel 1992
Lena auf dem Dach, Beltz & Gelberg, Weinheim und Basel 1993

Jette, Erzählbuch. Geschichten, Gedichte, Texte, Proben, Beltz & Gelberg, Weinheim und Basel 1995

Tante Tilli macht Theater, Beltz & Gelberg, Weinheim und Basel 1997

Johann Wolfgang von Goethe: »Ich bin so guter Dinge«. Goethe für Kinder, ausgewählt von Peter Härtling, Insel, Frankfurt a. M. 1998

Essays, Kritiken, Aufsätze, Reden, Interviews, Herausgaben

Palmström grüßt Anna Blume, Essay und Anthologie der Geister aus Poetia, Goverts, Stuttgart 1961

Vergessene Bücher, Hinweise und Beispiele, Goverts, Stuttgart 1966

Die Väter, Berichte und Geschichten, herausgegeben von Peter Härtling, S. Fischer, Frankfurt a. M. 1968

Nikolaus Lenau: Briefe an Sophie von Löwenthal (1834–1845), herausgegeben von Peter Härtling, Kösel, München 1968

Franz Hessel: Von den Irrtümern der Liebenden. Eine Nachtwache, Erzählungen, herausgegeben von Peter Härtling, Rogner & Bernhard, München 1969

Leporello fällt aus der Rolle, Autoren erzählen das Leben von Figuren der Weltliteratur weiter, herausgegeben von Peter Härtling, S. Fischer, Frankfurt a. M. 1971

Otto Flake: Werke, 5 Bände, herausgegeben von Peter Härtling und Rolf Hochhuth, S. Fischer, Frankfurt a. M. 1973-76

Christian Friedrich Daniel Schubart, Strophe für die Freiheit, herausgegeben und eingeleitet von Peter Härtling, Deutsche Verlagsanstalt, Stuttgart 1976

Mein Lesebuch, S. Fischer, Frankfurt a. M. 1979
Meine Lektüre, Literatur als Widerstand, herausgegeben von Klaus Siblewski, Luchterhand, Darmstadt und Neuwied 1981
Du bist Orplid, mein Land! Texte von Eduard Mörike und Ludwig Bauer, herausgegeben von Peter Härtling, Luchterhand, Darmstadt und Neuwied 1982
Literatur in der Demokratie. Für Walter Jens zum 60. Geburtstag, herausgegeben von Peter Härtling, Kindler, München 1983
Der spanische Soldat oder Finden und Erfinden, Frankfurter Poetik-Vorlesungen, Luchterhand, Darmstadt und Neuwied 1984
Und hören voneinander. Reden aus Zorn und Zuversicht, Radius, Stuttgart 1984
Deutsche Gedichte des 19. Jahrhunderts, herausgegeben von Peter Härtling, Deutscher Bücherbund, Stuttgart und München 1984
Geschichten für uns, ausgewählt von Peter Härtling, Luchterhand, Darmstadt und Neuwied 1984
Friedrich Hölderlin, ausgewählt von Peter Härtling, Kiepenheuer & Witsch, Köln 1984
Zueignung. Über Schriftsteller. Erinnerungen an Dichter und Bücher, Radius, Stuttgart 1985
Auskunft für Leser, herausgegeben von Martin Lüdke, Luchterhand, Darmstadt 1988
Die Erklärung, ausgezeichnete Kurzgeschichten, herausgegeben von Peter Härtling, Theodor Weißenborn, Rudolf Otto Wiener, Quell-Verlag, Stuttgart 1988
Ein uneingelöstes Vermächtnis, Rede zur Eröffnung der Hermann-Kurz-Ausstellung, Reutlingen 1988, Schweier, Kirchheim/Teck 1988
Wer vorausschreibt, hat zurückgedacht, Essays, heraus-

gegeben von Klaus Siblewski, Luchterhand, Frankfurt a. M. 1989

Noten zur Musik, Radius, Stuttgart 1990

Zwischen Untergang und Aufbruch. Aufsätze, Reden, Gespräche, zusammengestellt von Günther Drommer, Aufbau, Berlin und Weimar 1990

Peter Härtling im Gespräch, herausgegeben von Klaus Siblewski, Luchterhand, Frankfurt a. M. 1990

Brüder und Schwestern. Tagebuch eines Synodalen. Mit der Rede UnserLand MeinerLand KeinerLand AllerLand, Radius, Stuttgart 1991

Textspuren. Konkretes und Kritisches zur Kanzelrede, acht Bände, herausgegeben von Peter Härtling, Radius, Stuttgart 1990–94

Der Anspruch der Kinderliteratur, Jahresgabe 1991 des Freundeskreises des Instituts für Jugendbuchforschung, Johann-Wolfgang-Goethe-Universität Frankfurt a. M.

»Ich war für all das zu müde«, Briefe aus dem Exil, herausgegeben von Peter Härtling, Luchterhand, Hamburg und Zürich 1991

Vom Altern, ein Vortrag, Förderverein Dr.-Wöhringer-Heim, Nürtingen 1992

Gegenden, Orte – Hölderlins Landschaft, ein Festvortrag, Schwäbische Bank, Stuttgart 1993

Das wandernde Wasser. Musik und Poesie der Romantik, Salzburger Vorlesungen 1994, Radius, Stuttgart 1994

Die Gegend meines Vaters, in: Erlebte Geschichte, herausgegeben von Jürgen Pfeiffer und Gerhard Fichtner, Verlag Schwäbisches Tagblatt, Tübingen 1994

Behalten Sie mich immer in freundlichem Andenken. Briefe von und an Friedrich Hölderlin, ausgewählt und herausgegeben von Peter Härtling. Kiepenheuer & Witsch, Köln 1994

Hölderlin und Nürtingen, Schriften der Hölderlin-Gesellschaft, Band 19, herausgegeben von Peter Härtling und Gerhard Kurz, Metzler, Stuttgart und Weimar 1994
Hörst du's schlagen halber acht: Die Welt der Schule in Gedichten und Prosa, herausgegeben von Peter Härtling und Christoph Haacker, Radius, Stuttgart 1998
Notenschrift. Wörter und Sätze zur Musik, Radius, Stuttgart 1998

In der Reihe *Das Fischernetz* gab Peter Härtling bei S. Fischer (Frankfurt a. M.) u. a. folgende Bücher heraus:

Joseph Wittlin: Das Salz der Erde, 1969
Julius Levin: Das Lächeln des Herrn von Golubice-Golubicki, 1970
Otto Flake: Hortense oder Die Rückkehr nach Baden-Baden, 1970
Eduard von Keyserling: Wellen, 1971
Karl Jakob Hirsch: Kaiserwetter, 1971
Hans Meisel: Torstenson, 1972
Wilhelm Hausenstein: Lux perpetua, 1972
Georg Hermann: Kubinke, 1974
Alice Berend: Spreemann & Co., 1976

Hans-Joachim Gelberg

Härtlings Kinderbücher – eine glückhafte Zusammenarbeit

Gut zu wissen: Härtling und ich haben eine dreißigjährige, mittlerweile freundschaftliche Zusammenarbeit. Seine Bücher für Kinder, die in dieser Zeit entstanden sind, bilden eine eher schmale Ausbeute (auf sein gesamtes literarisches Werk bezogen), sind sicher aber ein gewichtiger Teil der neuen deutschen Kinderliteratur. Härtling ist kein Vielschreiber. Er wählt seine Themen mit Bedacht, und Jahr für Jahr wechselt er die Szene: zuerst und von Anfang an sein literarisches, poetisches Werk, dann aber immer wieder, zwischendurch – Literatur für Kinder. Da ist er mit schöner Regelmäßigkeit ein Wiederholungstäter, sicher auch mit Genuß. Ja, ich vermute, nach einem langen, schwierigen Roman erholt er sich beim Schreiben eines Kinderbuches von der Mühsal des Romans. Damit ist nicht gesagt, daß Literatur für Kinder leicht zu haben ist. Von Kindern für Kinder erzählen und dabei Lebenswirklichkeit unverfälscht treffen – nur wenigen Autoren der großen Literaturszene scheint dies zu gelingen. Ich halte es für ein (deutsches?) Phänomen, daß der literarische Erzähler (und nicht nur er) offenbar sehr auf Abstand hält, wenn es um Literatur für Kinder geht.

In allem, was sie auch beginnen, sind Kinder Anfänger. Nichts in ihrem Leben ist erprobt. Alles geschieht zum ersten Mal. Das macht sie so verwundbar. Es sind aber die ersten zehn, zwölf Jahre im Leben die entscheidenden für alles weitere, vermutlich. Davon zu erzählen, ist äußerst spannungsreich! Und ist das Erzählen von Kindheit für Kinder nicht doch etwas anderes als für Erwachsene? Nicht weniger spannungsreich ist es, Bücher für Kinder zu verlegen. Als ich damit anfing, war mir das Althergebrachte der Kinderliteratur längst fragwürdig geworden. Damit war ich nicht allein. Das Lebensgefühl der »Nach-68er-Jahre« war ein widerständiges Aufbruchgefühl. Im Zusammenhang mit der Bildungsreform dieser Jahre wuchs auch die Bereitschaft, eine neue, ganz andere Kinderliteratur zu wagen. Dazu brauchte es Autoren. Vieles mußte ausprobiert werden. Für meine Lyrik-Anthologie »Die Stadt der Kinder« (1969) schickte mir Peter Härtling seine »Sechs Sätze für Fabian«. Es war unser erster Kontakt. Zuvor hatte ich, aufmerksam hineinhorchend, seinen Essay über Josef Guggenmos, »Verwandlung der Einfalt« (1961), gelesen. Da ist einer, dachte ich, der Kinderliteratur als poetische Instanz erkennt. Das war mir ein Signal!

Literatur und Kinderliteratur stehen sich noch immer blaß und fremd gegenüber. Aber wir wissen: Literatur ist immer gegenwärtig, tiefgründig und befreiend nah. Auch für Kinder. Jahrzehntelange, arrogante Mißachtung von Kinderliteratur in unserem Land hat leider auch die sogenannten Experten dieser Literatur (Christine Nöstlinger bezeichnet sie als »kindbefaßte Personen«) fortwährend verunsichert. Als Peter Härtling in seiner Laudatio zur Verleihung des Deutschen Jugendbuchpreises 1969 (sieben Jahre später wird er diesen Preis selbst bekommen) von der »Wirklichkeit der Kinder« sprach und eine alles umfassende, für Kinder übersetzbare Wirklichkeit einforderte, ging ein Aufatmen durch die »kindbefaßte« Zuhörerschaft: endlich einer, der dieser so oft geschundenen Literatur eine neue Vision gab. Man muß dabeigewesen sein (und ich war dabei): Härtling beschrieb mit seiner Rede die Rolle der neuen Kinderliteratur. Er gab ihr sozusagen Sprache und Theorie. Und einige Passagen dieser Rede gaben mir noch ein weiteres Signal: Mich inspirierten die »Proben« aus den Tagesläufen der Härtling-Kinder (mit Sophie im Bauch der Mutter) in ihrer eigenen Sprache. Kinder erzählen selbst! Die Zusammenarbeit begann. »... und das ist die ganze Familie, Tagesläufe mit Kindern« erschien 1970. Und hier gleich schon die erste »Hürde« (für ein Kinderbuch), die richtige Illustration zu finden. Was ist eine *richtige* Illustration? Die farbigen Fotocollagen von Günther Stiller sind sicher heute noch die kühnste Illustrationsart, die man für ein Kinderbuch wählen kann. Im weitesten Sinn war dieses erste Kinderbuch von Peter Härtling sehr erfolgreich – es verkaufte sich schlecht, aber es brachte den Autor in die Fangarme der Kinderliteratur. (Die deutsche Gesamtauflage aller Kinderbücher von Peter Härtling liegt inzwischen bei geschätzten 2,8 Millionen; allein »Ben liebt Anna« hat eine Taschenbuchauflage von einer Million.)

Es wäre zu ausführlich, hier nun die sicher spannende Entwicklung des »Kinderbuch«-Autors Härtling (der ja vom »Autor« nicht zu trennen ist) von Buch zu Buch nachzuzeichnen. Natürlich gibt es diese Entwicklung! Sie ist beeinflußt von Erinnerungen und Ausblicken. Viele Episoden in seinen Büchern haben auch mit dem Leben der »ganzen« Familie Härtling zu tun. Ohne diese Erfahrung wäre manches doch anders erzählt worden. Doch je öfter er auf seinen Lesereisen mit Kindern ins Gespräch kommt, um so mehr achtet er darauf, daß er auch »ihre« Seite der Geschichte findet. Das geht bis in die Titelwahl. Sein »Theo haut ab« (1977) hatte den von mir favorisierten Titel

»Der Ausreißer«. Härtling erklärte, die von ihm befragten Kinder hätten für »abhauen« plädiert. Das Maß der Kinder ist ihm wichtig. Wie zum Beispiel eine alte Frau, Oma Bittel, in ihrer eigenen Lebensrealität unverfälscht darstellen? Für ein Kinderbuch ist dieser Anspruch riesengroß. Dies ist grundsätzlich ein Problem von Kinderliteratur: In einer Geschichte neben Kindern auch Erwachsenen eine unverfälschte, aber Kindern verständliche Realität zu ermöglichen. Härtling hat in »Oma« (1975) dieses Problem auf elegante Weise gelöst. Er schrieb nach jedem Kalle-Kapitel einen Oma-Monolog: »Bin ich nun Frau Erna Bittel oder bin ich eine Dahergelaufene ...« (Dies natürlich ohne Zeigefinger, wie es noch Erich Kästner in »Pünktchen und Anton« für notwendig hielt.)

Härtling hat sich oft theoretisch geäußert. Er ist ein Autor, dessen essayistisches Werk umfassend ist. In seinen Reden gibt er sich ganz, mischt sich ein, wohl auch mit der Konsequenz, sich unbeliebt zu machen. (Im Lexikon wird übrigens der *Härtling* als *widerstandsfähigeres Gestein* bezeichnet.) Alle Teile seines Schaffens finden sich reflektiert wieder in seinen Essays und Reden. Sein Nachdenken über Vergangenheit, Geschichte, Politik, über Sprache, Bücher und Weltliteratur ist uns unentbehrlich geworden. Und es gibt nur wenige Autoren, die sich wie er so grundlegend zur Situation der Kinder (und ihrer Literatur) geäußert haben, um dann, sozusagen in Fortsetzung dieser Einlassung, dies alles erzählend einzulösen. Ich kenne nur einen Autor, auf den dies zutrifft: Härtling.

Nach den Kinder-Tagesläufen von 1970 (sie wurden später verramscht) folgte 1973 »Das war der Hirbel«. (Ich hatte inzwischen den Verlag gewechselt und 1971 mein eigenes Programm im Beltz Verlag begonnen.) Dieses schmale Buch gehört, auch fünfundzwanzig Jahre nach Erscheinen, noch immer zu den bedeutenden Kinderbüchern unserer Zeit. Auch hier war die Illustration schwierig »richtig« zu wählen. (Viele haben keine Vorstellung davon, welche Bedeutung Bilder für die Kinderliteratur haben!) Die Hirbel-Illustration für die Erstausgabe von Christa aus dem Siepen folgt beharrlich der verstörten Sicht des kranken Hirbel, zeigt Schafe als Löwen und so weiter. Gewiß eine wirklich gemäße Illustration. – Kinder fragen, was ist aus dem Hirbel geworden? Wenn ich, nach so vielen Jahren, wieder im »Hirbel« lese, fällt mir unversehens, assoziativ ein anderer, ein wohl unvergeßlicher Schlußsatz ein: »So lebte er hin.« Für Kinder ist dieser »Hirbel« sicher ein ebenso tiefgreifendes Leseerlebnis, wie wir es mit Büchners »Lenz« in Erinnerung haben.

Als der »Hirbel« entstand, hatte Härtling bereits andere bedeutsame Bücher veröffentlicht: »Niembsch« (1964), »Janek« (1966) und »Zwettl« (1973), diese »Nachprüfung einer Erinnerung« an die eigene Kindheit. – Anfänge im Menschenleben und erinnerte Zeit haben in seinem Werk immer wieder Dominanz. Seinen Spuren bin ich gern gefolgt, mit ihm redend, seine Briefe beantwortend (mitunter auch mich rechtfertigend), immer wieder seine Texte lesend, seine Editionen studierend. Das war und ist ein Austausch. Und immer wieder seine Hinweise auf Bücher (da ist er einer wie Peter Bichsel). Härtling ist ein großer Leser, aber einer, der sich mitteilen muß, kein Schweiger, vielmehr ein Anreger und Selbstdenker. In seiner wunderbaren Sammlung »Mein Lesebuch« (mit ausgewählten Lieblingstexten, ediert 1979 im Fischer Taschenbuch) fand ich diesen Text von Christine Lavant:

Angst, leg dich schlafen. Hoffnung, zieh dich an,
du mußt mit mir gehn, schnür die Schuhe fester!
Ich hielt dich lang verborgen, kleine Schwester,
schön bist du worden, und ich freu mich dran.

Diese Verse sind mir lieb geworden. Unvergeßlich für mich auch jene langwährende, beklemmende Diskussion, damals in Montepulciano um den Tisch herum, als Härtling von seinen Erfahrungen in der Gen-Kommission berichtete. Zukunft kam auf uns zugekrochen, und es wurde uns kalt. Später, in seinem »Wanderer« (1988), las ich dann die skeptischen Sätze: »Wir wandern nicht mehr, um anzukommen, wir sind unterwegs in einer frostigen, auskühlenden Welt. Wir wissen viel, nur was uns verloren geht, merken wir gar nicht. Dennoch wünschen wir, anzukommen.«

Er hat immer wieder Feuer gefangen (ich mit ihm), wenn es in ein neues Kinderbuch ging. Nichts, buchstäblich nichts kann man sich da leicht machen. Manchmal gab es auch Vorgaben. Was ist Liebe für ein Kind?, fragten wir uns. Ich klagte, wie wenig doch vom Herzensbedürfnis der Kinder in ihrer Literatur zu finden sei: nämlich Liebe. – Härtling antwortet wenige Wochen später: »... Ich will mich nicht ablenken lassen. IchhabnämlichschonzweiKapiteldesneuenBuchesgeschrieben. (*So im Original!*) Hast Du mich verstanden?«

»Ben liebt Anna« (1979) wurde Härtlings bisher größter Bucherfolg – und, was noch mehr zählt, es wurde ein Lieblingsbuch der Kinder, die sich noch immer, auch eine Generation später, darin wiederfinden. Und er beantwortet Kinderfragen, nicht selten ausführlich. Für Kinder ist es wichtig zu erfahren, daß hinter diesen Büchern ein Mensch ist, der sich verantwortlich fühlt, der nachgedacht hat. In seinem (veröffentlichten) Brief an ein fremdes Mädchen namens Aila zum Beispiel erzählt Härtling, wie er auf das Aussiedlerkind Anna aus Polen gekommen ist. Und wie die Anregung zu dieser Geschichte durch ein Kind gekommen ist. Und wie aktuell die Geschichte nach so langer Zeit immer noch ist.

Zum Ende dieses Jahrhunderts (»Jahrhundert des Kindes« hieß es wohl zu Beginn) fürchten wir mehr als je zuvor, daß die Menschen in der Welt, bei aller Gescheitheit, keineswegs klüger geworden sind. Was dabei letzten Endes für Kinder herauskommen wird, ahnen wir. Mir fällt ein von Härtling oft zitierter Vers aus »Des Knaben Wunderhorn« ein:

Will ich in mein Küchel gehn,
Will mein Süpplein kochen,
Steht ein bucklicht Männlein da,
Hat mein Töpflein brochen.

Mit »Krücke« (1986) taucht auch die Frage der Zumutbarkeit für Kinder auf. Es ist eine immer wiederkehrende Not, die Autoren-Lektoren-Kritiker-Eltern miteinander auszutragen haben. Wir haben das oft diskutiert und bedacht. Solche Diskussionen setzten sich fort in den Jury-Sitzungen zum Peter-Härtling-Preis für Kinderliteratur, den der Verlag vor fünfzehn Jahren zu Härtlings 50. Geburtstag stiftete. (Ab 1992 ist die Stadt Weinheim Trägerin des Preises.) Der Preis wird alle zwei Jahre vergeben. Aus jeweils über hundert Manuskript-Einsendungen wird das beste Manuskript ausgezeichnet. Bisher waren es meist

Manuskripte von Autoren, die ihr erstes Kinderbuch geschrieben haben. Das machte diese Jury-Arbeit überaus reizvoll: Nachdenken über Kinder und ihre Literatur. Hier konnte man gemeinsam etwas tun für wichtige Themen, für neue Autoren. Dies entspricht ganz Härtlings Intention. Immer wieder vermittelt er gerne, fördert unbekannte Autoren, ermutigt sie. So ist auch der Peter-Härtling-Preis eine einzige, nun schon dauerhafte Ermutigung. Einige der Autoren, Autorinnen, die den Preis bekommen haben, sind inzwischen bekannte, erfolgreiche Autoren bzw. Autorinnen. Ich denke an Karin Gündisch oder auch an Josef Holub, der, wie vor ihm Peter Härtling, den Zürcher Kinderbuchpreis bekam.

Anfang der siebziger Jahre schrieb Härtling das Fundevogel-Märchen der Brüder Grimm neu, es beginnt so: »Es war einmal ein Krieg, einer von den Kriegen, die lange dauern und rasch vergessen werden, einer von den Kriegen, an denen niemand schuld zu sein begehrt...«

Das hier märchenhaft anklingende Thema Krieg war mir, war uns wichtig. Zunächst erschien Christine Nöstlingers »Maikäfer, flieg!« (1973), jene eine große autobiographische Nachkriegsgeschichte, die bis heute gilt. Härtlings autobiographische Nachkriegsgeschichte »Krücke« erschien dreizehn Jahre später, 1986. Auch ich habe als Kind im Wien der Kriegs- und Nachkriegszeit ähnliche Erfahrungen gemacht wie der Thomas in diesem Buch. Auch ich fuhr im Güterwaggon wochenlang umher, bis ich mit Eltern und Schwester heimfand. Ich bin, was diese Geschichte vom heimatlosen Thomas betrifft, sozusagen ein Augenzeuge. Die Geschichte vom vaterlosen Thomas, der zur Rettung einen Krücke findet, ist eine der unvergeßlichen Geschichten der Kinderliteratur geworden und somit im höchsten Maß zumutbar für Kinder.

In einem anderen Zusammenhang schreibt Härtling mir in einem Brief: »Was ich als Kind im Unverstand las – zum Beispiel der ›Taugenichts‹ –, bleibt mir bis zur Stunde gegenwärtig, mit den wirren, schönen, einschüchternden Bildern von damals.« (März 1992)

Was wir Kindern zumuten, wissen wir ohnehin. Wir bedauern es und muten weiter zu. Bücher sind aber Ausdruck aller guten Möglichkeiten. So ist jedes Kinderbuch, das Härtling schreibt, ein Versöhnungsversuch mit der Erwachsenenwelt. Kinder sollen vertrauen. Sie werden gebraucht. Ohne sie geht es nicht weiter.

Das gilt auch für »Alter John« (1981). Härtling schreibt (Februar 1981): »Alter John ist schon drei Kapitelchen lang und groß.« Zum Herbst ist dann der Herr Navratil aus Brünn, »Alter John« genannt, im Buchhandel. Die wechselnde Geschichte der Konflikte in einer Familie (hier mit Kindern und einem alten Mann im Mittelpunkt) wird von Härtling immer wieder von neuem angefangen und fortgeführt, wobei nach dem (oft fehlenden) Vater gefragt wird. So in »Fränze« (1989), »Jette« (1995) oder »Tante Tilli macht Theater« (1997).

Auch »Lena auf dem Dach« (1993) gehört zu den verwickelten Familiengeschichten. Ostern 1993 schickte Härtling seine Korrekturen aus Montepulciano (wo er zur Erholung weilte; ich hatte ihm zuvor eine Karte von einer Israel-Reise geschickt): »Vor meinem Fenster & vor dem Balkon, von dem aus wir die Toscana grüßten (*Anspielung auf ein gemeinsames Foto*), geht die Sonne unter. Ein Theater ohnegleichen. Und Du in der hochgebauten Stadt? Und schweifend in der Wüste? Lieber Jochen: Ich habe meine Korrektur, meine Neufassung, meine Umschreibung des Lenakinds hinter mir, bin ungemein zu-ver-sichtlich!! Es ist um eine Spur leiser geworden, das Büchlein, dafür jedoch in allem deutlicher...«

An anderer Stelle (es geht um »Jette«) antwortet er nachdrücklich: »Was Du mir zum Manuskript schriebst in Deinem ersten langen und genauen Brief, hab ich doch beinah Wort für Wort ernstgenommen & beherzigt. Im zweiten Brief, der Antwort auf das seitenweis veränderte Manuskript, begann, was ich von mir ebenso kenne, die Kritik sich zu verselbständigen. Dagegen mußte ich mich w e h - r e n, – ich habs knapp und heftig getan, mit dem Wissen, daß unter Freunden Kritik ein heftiges Gespräch sein kann...« (1995)

Jedes seiner Bücher ist umrahmt mit Briefen, Telefonnotizen, mit Titelvorschlägen, Dreinreden und Zusprüchen, auch zum beiderseitigen Mutmachen. (Auch Verlegern muß man Mut machen.) Anders geht es nicht. Peter Härtling ist da offen. Er wünscht das Gespräch. Und hört zu. Er ändert, verbessert, schreibt neu. Was leicht wirkt, ist oftmals schwer entstanden. Ich glaube, bei jeder ernst zu nehmenden Literatur ist das so. Also auch bei der Kinderliteratur.

Oft habe ich das große Bilder- und Buchstaben-Werk jenes nun beinahe vergessenen Buchhändlers Bertuch (1747–1822) im Sinn. Seine unglaubliche Sorgfalt in allen Details kommt mir als Verleger immer noch vorbildlich vor. So müssen Bücher für Kinder sein! Und wie Bücher für Kinder auch sein können – das hat Peter Härtling vorgemacht. Vielleicht sollten wir, wenn wieder Mutmachen angesagt ist, ein neues ABC versuchen und neue Wörter finden. (Franz Fühmann leiht uns dabei sein großes Sprach-Spiel-Buch.) Das große A macht den Anfang. So ist vielleicht der erste Buchstabe der wichtigste im ganzen Menschenalphabet.

September 1998

Fotonachweis

S. 221: privat, S. 222: privat, S. 223: Barbara Klemm, S. 224 oben: privat, S. 224 unten: privat, S. 225: privat, S. 226: privat, S. 227: Karsten Martensen, S. 228: privat

Peter Härtling, geboren 1933 in Chemnitz, freier Schriftsteller seit 1974.
Peter Härtlings gesamtes literarisches Werk ist lieferbar bei Kiepenheuer & Witsch.
Zuletzt erschienen der Roman »Schumanns Schatten«, die Sonderausgabe des »Schubert«-Romans, »Horizonttheater – Neue Gedichte« sowie der Roman »Große, kleine Schwester«.

Jürgen Krätzer, geboren 1959, Studium der Germanistik und Geschichte in Leipzig (Promotion zu Franz Fühmann), arbeitete in verschiedenen Lehr- und Kulturinstitutionen. Essays, Rezensionen, Aufsätze zur Literatur der Gegenwart und zum 18. Jahrhundert.
Seit 1997 Assistent am Germanistischen Institut in Halle.